受かる！補助金・助成金シリーズ

創業補助金

融資にも使える
事業計画書
パーフェクトマニュアル付き

若狭 清史
辻・本郷 ビジネスコンサルティング株式会社　取締役執行役員

東峰書房

はじめに

創業・起業とは……

　誰にも雇われず、「ひとり」の力で「ゼロ」からビジネスを創り上げることが創業・起業です。誰に、何を、いくらで、どのように、どこで、いつ売るのか。それを実現させるために何をすべきなのか、すべての選択をたったひとりで行わなければなりません。その選択の責任を取るのも、成功を味わうのも創業したあなた自身です。コンサルタントを入れれば大丈夫という方も多く見受けられますが、そのコンサルタントももちろん、誰を、どのように選別し、活用するのかは、創業者の責任になります。

　ビジネスの４大資源とは、

> ①ヒト　②モノ　③カネ　④情報

です。

　４つの要素がそろわなければ、事業を展開し収益をあげていくことはできません。しかし、どんなに緻密に準備をしてもビジネスは良いときばかりとは限りません。スタートして３年後には70％の会社が撤退をしているというのが厳しい現実です。
　撤退する会社と成功する会社の違いは何で決まると思いますか？
「事業に対する思いの強さ」です。あなたが創造する会社は、あなたの思いに比例するように成長していくのです。大きく展開していけるかどうかは、すべてあなたの熱意にかかっているのです。

事業形態をどうするか……会社設立or個人事業

　特に大きな違いは、税金面と信用面です。通常、個人事業主の場合は所得が低いうちは税金の負担額が少額です。一定の所得を超えると、株式会社のほうが税金負担額は軽くなります。信用面においては、個人事業より

も会社組織のほうが、多くの法的な手続きが必要となるため、社会的信用度は高い傾向にあります。

■会社設立と個人事業の違い

	会社設立	個人事業
手続き	定款作成認証、登記の手続きが必要	税務署への開業届の届出
当初費用 （自分で行った場合）	約25万円	0円
申告手続き	税理士をつけないと困難	自分で確定申告可能
税率	通常一定	累進課税のため所得の増加によって上がる
節税	多様な節税策がある	節税策が少ない
資金調達	融資を比較的受けやすい	融資を比較的受けにくい
営業面	社会的な信用があるため、有利な場合が多い	社会的な信用が乏しいため、不利な場合が多い
繰越欠損金	9年間	3年間
社会保険	加入義務あり	従業員5人以下は加入義務なし

会社名・屋号をどうするか……

会社名は正式には商号と呼ばれています。商号を決める上での法律上の縛りは以下の通りです。なお、個人事業主の屋号には規制はありません。

使用できない記号がある	「！」、「？」、「＠」等の記号は使用できない。「＆」、「ー」、「・」等は使用できるが、商号の頭や末尾には使用できない。
会社の種類を入れる	株式会社を作るなら「株式会社」、合同会社を作るなら「合同会社」の文字を商号の頭か末尾につける。
会社の一部門を表す語句は使用できない	商号の中に「支店」、「支部」、「事業部」等の会社の一部門を表す語句を入れることができない。
特定業種にのみ使用できる語句がある	「銀行」、「信託」、「保険」は、これらの業種でないと使用できない。
公序良俗に反する語句は使用できない	わいせつな語句や犯罪に関連するような語句、「麻薬」、「殺人」等は使用できない。
同一住所で同一商号は使用できない	同一住所に同一商号の会社を登記できない。

目次　創業補助金

はじめに ……………………………………………………………… 2
- 創業・起業とは ………………………………………………… 2
- 事業形態をどうするか……会社設立 or 個人事業 …………… 2
- 会社名・屋号をどうするか…………………………………… 3

第1章　起業するにはいくら必要？ ………………………… 7
- 資金調達方法 …………………………………………………… 9
- 開業資金の計算方法 …………………………………………… 10

第2章　創業資金を調達するには？ ………………………… 13
- 手持ち資金を増やす …………………………………………… 14
- 出資金を受け入れる …………………………………………… 15

第3章　創業融資を受けるにはどうしたらいいの？ …… 17
- どこから借りる？ ……………………………………………… 18
- 日本政策金融公庫の融資と銀行の融資の違い ……………… 21
- どうやって借りる？ …………………………………………… 22
- 取引銀行はどうやって選ぶ？ ………………………………… 23
- 審査ってどんなところを見るの？ …………………………… 25
- ヒアリングではどんなことを聞かれるの？ ………………… 31

第4章　補助金ってどんなもの？ …………………………… 35
- 補助金って何？ ………………………………………………… 36
- 誰がもらえるの？ ……………………………………………… 37
- どれくらいの期間でもらえるの？ …………………………… 37
- 補助金のしくみ ………………………………………………… 37
- 補助金受給までの流れ ………………………………………… 38
- もらえる補助金の検討方法 …………………………………… 39
- 創業補助金の申請方法 ………………………………………… 39
- 必要書類 ………………………………………………………… 40
- 助成金とは？ …………………………………………………… 42

第5章　補助金の申請書はどう書くの？ …………………… 45
- 申請書　様式1 ………………………………………………… 46

申請書　様式2 ·· 46
　交付申請 ·· 52

第6章　事業計画書はどうやって作るの？ ·············· 53
　事業計画書を書く目的は何か？ ································ 54
　事業コンセプトをどう決めるか？ ······························ 54
　経歴について ·· 55
　取り扱う商品・サービスについて ······························ 57
　商品・サービスの価格は？ ······································ 60
　ターゲットは誰か？ ·· 64
　仕入先の賢い検討 ··· 66
　事業内容・企業体制を明確化する ······························ 66
　マーケティング戦略 ·· 69
　事業の問題点、リスク ··· 73
　競合分析 ·· 74
　人員計画はどうするか？ ··· 76
　協力者・支援者 ·· 77
　アクションプランを立てよう ··································· 78
　プロモーションを行う ··· 79
　許認可を取得する ··· 80
　人件費 ··· 81
　売上高の目標額 ·· 81
　販売数の予測の立て方 ··· 82
　持続可能な事業であることを表そう ·························· 85

第7章　起業したら考えておきたいお金のこと ········ 95
　おかねを分ける ·· 97
　かせげる ·· 99
　きろくをつける ·· 99
　事業計画書サンプル ·· 101

巻末資料 ··· 109
　①補助金申請書 ·· 109
　②公庫創業計画書 ··· 120
　③公庫創業計画書　補足 ·· 122
　④信用保証協会創業計画書 ····································· 125

第1章

起業するには
いくら必要？

- ■ 資金調達方法
- ■ 開業資金の計算方法

第1章 起業するにはいくら必要？

　日本政策金融公庫が調べたところによると、開業費用は600万円〜800万円が一番多く、次いで多いのが、400万円〜600万円となっています。近年はインターネットの発達により、自己資金が少なくても簡単に開業できるようになっていますが、それでも起業には相当な金額の資金が必要だと考えられます。

　日本には、いつかは自分の会社を持ちたいと考えている起業予備軍は100万人以上存在しています。4人に3人は開業をしたいと考えながら、行動に移せないでいます。その原因の1位は「自己資金の不足」です。20代から30代の若い会社員が自己資金で会社を作るとなると、資金が貯まるころには、せっかく思いついたアイデアがすでに輝きを失ってしまうことがほとんどです。

　起業をするためには、創業資金をひとりで準備するのをあきらめるのです。両親や親族に借りたり、支援者から援助を得たり、金融機関から創業融資を受けるのです。事業を行う必然性と事業にかける強い思い、そしてなぜ儲かるのかというロジックがはっきりしていれば、創業資金を調達するのは難しくないのです。

　当然ですが、借りた資金は返済が必要です。投資した資金をどうやって効率的に回収するかという経済活動を繰り返して、大きな会社を育てていくのがビジネスです。起業とはリスクとリターンのシーソーゲームとも言えるのです。

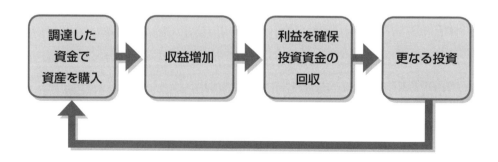

創業支援を受ける3ポイント
- あなたの事業計画は、支援者が夢を描けるような惹きつける力はあるか
- あなたに、起業を成功させるという強い覚悟はあるか
- なぜその起業が成功するのか、論理が明確か

資金調達方法

一般的に、事業展開の資金の確保には7つの方法があります。

資金源	方法
自分の貯金や資産	出資する、会社に貸す
配偶者、両親、その他親族	出資してもらう、借りる
友人・取引先・以前の勤め先等第三者	出資してもらう、借りる
銀行、公庫等の金融機関	借りる
国、地方公共団体	補助金・助成金をもらう
ベンチャー・キャピタル・エンジェル投資家	出資してもらう
自分の事業	事業の儲けから捻出

中小企業庁の統計では、4割の起業家が、配偶者や親族、友人、知人といった親しいネットワークからの出資金や借入金によって資金を確保しています。ここに、以前の勤務先等非金融機関からの資金調達の割合を加えると8割にも上ります。

第1章 起業するにはいくら必要？

開業資金の計算方法

　少なくとも起業してから1年間、どれだけの資金が必要か、どのくらいの資金がいつ不足するのか、シミュレーションしておくといいでしょう。実際に事業を始めてみると、想定外の出費や計画通りに売上が上がらないのが普通です。実際に起業してから経営が安定するまでの1～2年目が今後も会社が事業を続けられるかの最難関となります。一般的に安定した売上入金が確保できるまでにはかなりの時間がかかります。それにもかかわらず、初期投資や毎月の支払で資金はどんどん減っていきます。最初にどれだけの資金調達ができるのかが勝負となります。

　まずは例を参考にしながら下の式に数字を当てはめて必要資金がいくらなのか計算してみましょう。必要資金は設備資金と運転資金の合計です。

必要資金 ＝ 設備資金(A) ＋ 運転資金(B) × 3ヶ月程度
　　　　　　　　　　　　　　　　　　　余裕を持たせるなら6ヶ月

　設備資金、運転資金について具体的に書き出してみることが必要です。例えば、店舗や事務所を借りる場合は、不動産会社をまわり、家賃、保証金等の相場を確認します。設備資金などの高額になるものは、業者に依頼してできれば複数企業からの相見積もりを取るのがいいでしょう。

　コストを計算するうえでは、多めに見ておくことが重要です。

(例)
設備資金(A)

事務所、店舗　敷金・礼金	1,000,000円
内外装、看板作成費等	4,500,000円
車両	0円
机、イス等備品	2,000,000円
パソコン、プリンタ、電話機等機器	200,000円
① 設備資金計	7,700,000円

運転資金(B)

仕入資金	1,000,000円
役員報酬	300,000円
従業員等給与	500,000円
社会保険料	110,000円
外注費	0円
旅費交通費	20,000円
通信費	20,000円
家賃	300,000円
水道光熱費	60,000円
広告宣伝費	60,000円
会議費	10,000円
交際費	10,000円
消耗品費	70,000円
税理士等顧問料	30,000円
リース料	20,000円
支払手数料	10,000円
荷造運賃送料	5,000円
支払利息	12,000円
②1ヶ月の運転資金計	2,537,000円

必要資金 ＝ ① ＋ ② × 3ヶ月
　　　　＝ 7,700,000 ＋ 7,611,000
　　　　＝ 15,311,000円

必要資金は15,311,000円となります。

第2章

創業資金を調達するには？

- ■ 手持ち資金を増やす
- ■ 出資金を受け入れる

手持ち資金を増やす

①退職金を使う

退職時に会社から受け取る退職金をあてにする方法です。通常、退職金を受け取ることができるのは、退職日以降1週間から1ヶ月くらいです。出資金（資本金）のあてにするのであれば、退職金の入金を待ってから会社設立というスケジュールになってきます。ですので、退職金の受け取れる日にちと金額をあらかじめ確認しておくことが重要です。

②株式を売却する

個人所有の株式を売却して企業資金とする方法です。本格的な起業準備に入る前に現金化しておくほうがいいでしょう。相場が変動するので、現金が必要なタイミングで有利な価値形成とならない可能性もあります。

③生命保険を解約する

契約している生命保険を解約して、解約返戻金を活用する方法です。契約内容によっては掛けてきた保険料より大幅に目減りする可能性もあるので、慎重に検討することをお勧めします。解約せずに契約者貸付を利用して資金を調達する方法もあります。

④不動産を売却する

土地や建物の売却金を利用する方法です。売りに出してから現金となって入金があるまでに相当の時間を要します。売らずに借入金の担保とする方法もあるので、売却を考えるのはどうしても融資が不可な場合に検討するのがいいでしょう。ちなみに、住宅ローンなどで既に担保に入っている場合は担保として認められる可能性はほとんどありません。

⑤贈与を受ける

身内から贈与を受けて起業資金とする方法。贈与を受ける際は、銀行口座を介して振込を受け取ることで融資審査の証拠とします。非課税枠110

万円の範囲を超えると贈与税の課税対象となることにも注意が必要です。

出資金を受け入れる

　出資金は融資とは違い返済不要なため、資金調達手段としては魅力的なものです。しかし、注意点もあります。
「議決権割合」に注意が必要となります。議決権とは会社の経営方針に対して、決定する権利のことです。自分の議決権が多ければ、経営上の意思決定が思い通りにしやすくなります。逆に自分以外の出資者の議決権が多ければ、自分が経営権を持たなくなってしまいます。つまり、「雇われ社長」の立場になってしまいます。
　また、出資の受け入れ方によっては、創業融資が受けにくくなる場合もあります。多額の出資を受け入れる可能性があり、創業融資も検討している場合は、事前に専門家のアドバイスをもらうのがいいでしょう。

創業融資を受ける

　起業したばかりの小さな会社は、信用力もないため銀行からの融資を受けることが難しいです。そのため、創業する企業を支援するために、国や地方自治体では資金調達制度を設けています。創業融資に関しての詳細は後でご説明します。

補助金・助成金を受ける

　国や地方自治体から獲得できる、知る人ぞ知る資金調達方法です。基本的に返済不要なお金で、効率的に補助金・助成金を活用することで、資金繰りを円滑にすすめることができます。補助金・助成金に関しても、後で詳しくご説明します。

クラウドファンディング（Crowd funding）を利用する

　簡単に言うとWebサイトを通じて、小額のお金を大人数の個人から集めることで資金調達をする方法です。種類は4種類ありますが、法律上の

規制もあり、購入型のクラウドファンディングサイトが主流です。

メリット①幅広い

公的融資のように審査はありません。魅力的な事業をWeb上でPRしたくさんのファンを増やすことで資金を集めます。創業融資が通りにくいような場合でも、ファンを集めることができれば、事業資金を集めるチャンスとなります。

メリット②PR

多くの資金を集めているプロジェクトは、メディアにも注目されます。新聞や雑誌の取材を受けるなどメディアからの注目を活かして世間へのPR活動にもなります。

メリット③ファン

サポーターとの間で双方のコミュニケーションが可能です。起業家が活動報告をしたり、サポーターが応援のメッセージを書き込んだり、ファンづくりの場にも活用できます。

クラウドファンディングの分類

寄付型	リターンもなく、プロジェクトの成功を見守る
金融型（融資型）	個人間のお金の貸し借りを事業者が仲介する
金融型（株式型）	インターネット上で、未公開企業に株として出資できる
購入型	サポーターがお金を出すお返しに、権利や物品といった何らかのリターンを得る権利を購入する

クラウドファンディングサイト（購入型）
CAMPFIRE http://camp-fire.jp/
株式会社ハイパーインターネッツ
READY FOR? http://readyfor.jp/
READYFOR株式会社
Makuake http://www.makuake.com/
株式会社サイバーエージェント・クラウドファンディング

第3章
創業融資を受けるにはどうしたらいいの？

- どこから借りる？
- 日本政策金融公庫の融資と銀行の融資の違い
- どうやって借りる？
- 取引銀行はどうやって選ぶ？
- 審査ってどんなところを見るの？
- ヒアリングではどんなことを聞かれるの？

どこから借りる？

　信用力がない起業したばかりの会社は、実績もなく、民間金融機関から融資を受けるのは難しいです。そんなできたばかりの会社の起業を支援するために、国や地方自治体は創業者向けに制度を整えています。創業融資を受けるには以下のとおり２つの方法があります。

> ①新創業融資制度を利用して日本政策金融公庫から借りる
> ②地方自治体の制度資金を利用して銀行から借りる

　日本政策金融公庫とは株式の100％を政府が出資している政府系の金融機関を言います。国の政策に基づいて、中小企業に対する長期事業資金の貸付、個人事業者に対する小口事業資金の融資、創業支援等日本の経済発展に貢献することを目的にした金融機関です。他の金融機関との違いは、日本政策金融公庫は一般の銀行のように通帳や口座がないことです。公庫からの融資金の入金や返済は、一般の銀行を通じて行われるようになります。つまり、一般の銀行のように定期預金を組んだり、給与の指定口座にしたりといった取引実績が必要ありません。

　一方、②のような制度資金とは地方自治体と信用保証協会、金融機関の３者が協力して公的資金を貸し出す制度のことを言います。信用保証協会とは借主が事業資金の融資を受ける際、あなたの会社の保証をしますので、金融機関さんお金を貸してあげてくださいねというように、中小企業を資金面から支援する公的機関です。保証料をあなたからもらう代わりに、信用保証協会があなたの会社の保証人となるわけです。万が一、あなたが借りた創業融資を返せなくなった場合、あなたに代わって信用保証協会が金融機関に返済してくれます（代位弁済）。ただし、あなたの借金が免除されたわけではありません。代位弁済の後は、信用保証協会との間で返済計画を立てて、時間をかけて信用保証協会に返済していくことになります。また、代位弁済を行うことになると、著しく信用状況は悪化しているとみ

なされ、民間金融機関で信用保証協会を利用して行う借入は当面難しくなります。

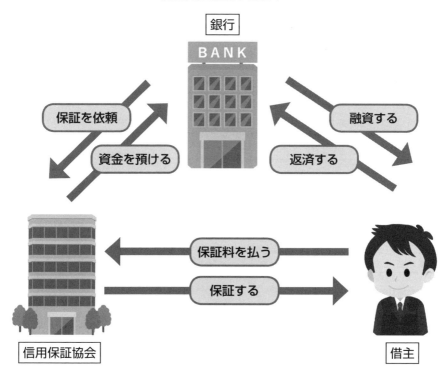

信用保証協会の仕組み

ちなみに、信用保証協会からの保証は誰でも受けられるというわけではありません。保証を受けるには条件があります。

条件
●中小企業者であること　●対象業種であること

第3章 創業融資を受けるにはどうしたらいいの？

　中小企業とは、資本金、従業員数の規模が以下の条件を満たしている企業のことを言います。従業員には、家族従業員・役員・臨時雇いのパートタイマーやアルバイトは含まれません。ただし、パートタイマーやアルバイトであっても、事業の経営上不可欠な人員は従業員に含みます。常時使用する従業員数または資本金のいずれか一方が下表に該当していれば利用できます。

業種		資本金	従業員数
製造業等	（建設業・運送業・不動産業を含む）	3億円以下	300人以下
	ゴム製品製造業 （自動車または航空機用タイヤ及びチューブ製造業並びに工業用ベルト製造業を除く）	3億円以下	900人以下※
卸売業		1億円以下	100人以下
小売業・飲食業		5,000万円以下	50人以下
サービス業		5,000万円以下	100人以下
	ソフトウエア業、情報処理サービス業	3億円以下	300人以下
	旅館業	5,000万円以下	200人以下※
医業を主たる事業とする法人		―	300人以下

※特定非営利活動法人（以下「NPO法人」）の場合、ゴム製品製造業（自動車または航空機用タイヤ及びチューブ製造業並びに工業用ベルト製造業を除く）は従業員数300人以下、旅館業は同100人以下となります。

注1：家族従業員、臨時の使用人、会社役員は従業員に含みません。但し、パート・アルバイト等名目は臨時雇いであっても、事業の経営上不可欠な人員は従業員に含みます。なお、NPO法人の場合、雇用関係のないボランティアは従業員に含みません。

注2：組合の場合は、当該組合が保証対象事業を営むこと、またはその構成員の3分の2以上が保証対象事業を営んでいればご利用いただけます。

注3：NPO法人の場合、常時使用する従業員数が該当していればご利用いただけます。

注4：資本金が上表の制限を超えている会社で、かつ従業員数が上表の制限の9割を超えている場合（例：製造業271人以上）は、従業員数の確認資料が必要となります。

注5：製造業等の「等」とは卸売業、小売業及びサービス業以外の業種をいいます。
　【業種例】
　建設業（測量業、地質調査業、水路測量業を含む）、不動産業（建売業、不動産賃貸業、貸家業、貸間業、不動産代理業・仲介業、不動産管理業）、運送業、倉庫業、印刷業、出版業、ガス供給業、保険媒介代理業（生命保険、損害保険等）、土石採取業、木材伐出業、鉱業

注6：「医業を主たる事業とする法人」とは、医療法人、医業を主たる事業とする社会福祉法人等をいいます。

＊東京信用保証協会資料利用

　対象業種は、あなたが営む会社の業種があてはまるかどうかということになりますが、商工業のほとんどの業種が対象となります。

　ただし、農林・漁業、遊行娯楽業のうち風俗関連営業、金融業、宗教法人、

非営利団体（ＮＰＯ法人を除く）、ＬＬＰ（有限責任事業組合）等、その他信用保証協会が支援するのは難しいと判断した場合は利用することができま　せん。

日本政策金融公庫の融資と銀行の融資の違い

①新創業融資制度
・担保の差し入れ、連帯保証人の署名が不要。担保を差し入れることなく最大3,000万円までの融資枠が持てます。経営者本人の連帯保証人としての署名も不要です。

②都道府県市町村制度資金
・**金利が低い**
借入金の利息の一部を自治体が負担する利子供給制度や、信用保証協会の保証料の一部を自治体が負担する信用保証料補助制度が用意されていることが多いため、借主の利息負担が減ります。
・**基本的に連帯保証人の署名が必要**
経営者本人が会社の連帯保証人になるのが一般的です。

■融資比較

取扱先	資金名	限度額	利率(年)	貸付期間上限	据置期間上限※	信用保証料
①日本政策金融公庫	新創業融資	7,200万円（うち運転資金4,800万円）	2.65％程度企業によって異なる	設備資金20年運転資金7年	2年間	無し
②銀行	都道府県市町村制度資金	3,000万円（うち運転資金1,500万円）	1.1％	設備資金10年運転資金5年	1年間	自己負担0.44％以内

※据置期間……元金の返済をせずに毎月金利のみを支払う期間のことです。融資を借りた翌月から返済を開始するのではなく、起業後資金繰りが安定してから支払開始にできるのです。注意が必要なのは、据置期間があると毎月の元金返済額が通常返済時より多くなります。

（例）　借入金額600万円　　借入期間５年（60ヶ月）毎月返済額

返済期間	通常返済	10ヶ月の据置有り
返済開始〜10ヶ月間	元金10万円＋利息	元金0円＋利息
11ヶ月〜最終回	元金10万円＋利息	元金12万円＋利息

①と②最初はどちらに申し込むべき？

まずは②の制度融資を申し込むといいでしょう。なぜなら、金利も安く、信用保証料の優遇制度を受けることができるため、総支払金額が①よりも少なくて済むからです。

ただ、日本政策金融公庫に比べると、一般的に民間金融機関のほうが対応は厳しい傾向にあります。

どうやって借りる？

金融機関からお金を借りるには、融資を受けたい金額や使い道、借入期間等を記入した借入申込書に必要な書類を添付して、書面で申込をします。提出された書類に基づいて、融資の可否を審査します。以下が簡単な流れです。

①金融機関窓口に相談に行く

今回どんな資金がいくら必要で、返済額はどれくらいになるか等窓口に相談に行きます。会社の実印、銀行印、代表者個人の身分証明書、会社の登記簿謄本、印鑑証明書などを持って行くといいでしょう。この際、会社の事業内容や取引の目的、代表者の経歴など簡単な質問をされます。

借主の希望と窓口担当者からどんな商品があるのか説明を受け、どの商品に申込をするか検討します。また申込時に必要な書類などの説明を受けます。

②必要書類を添付して申込と事業内容の詳しいヒアリング

借入申込書の他に、通常、登記事項全部証明書や創業計画書、所得証明や確定申告書などの添付が必要になります。提出した創業計画書をもとに資金の使い道や、事業計画についてのヒアリングを受けます。

ヒアリング後、金融機関内部で審査が行われ、通常1〜2週間後には融資の可否や金額が通知されます。

③契約書の提出
　融資が決まると「金銭消費貸借証明書」等の契約書の署名と印鑑証明他の必要書類を提出します。すべての手続きが終了すると、銀行口座に融資金が入金になります。

取引銀行はどうやって選ぶ？

　日本政策金融公庫でお金を借りるにしても、融資金は銀行口座に振り込まれます。そこで、融資を受ける前にどこの銀行と取引をするのかを決める必要があります。

　水道光熱費、電話代、各種税金等の支払は現金ではなく、銀行の口座引き落としを利用することをお勧めします。口座を通して売上の入金や経費の支払をすれば、すべての入金と出金が自動的に通帳に記帳されるので、帳簿をつける際にとても便利になります。例えば、毎日の売上金を日ごとに袋分けし、袋別に入金すればそれがそのまま売上帳として利用することができます。

　すべての取引を預金通帳に記録すれば、お金の動きが目に見えて把握でき、手元の残高がひとめでわかるので、資金繰りがわかりやすいというメリットもあります。

　しかし、銀行には都市銀行、地方銀行、信用金庫、信用組合、ゆうちょ銀行、ネット銀行などさまざまな種類があります。銀行によっては、金利、手数料などサービス内容が大きく違います。

＜銀行の特徴＞
都市銀行：日本全国でビジネス展開する企業向け
三菱東京ＵＦＪ銀行や三井住友銀行、みずほ銀行等全国規模で展開している銀行です。大手の会社と取引をする場合に、振込先が大手都市銀行だと

信用力が増します。1億円以上の大口融資にも対応してくれますが、業績の悪い会社への対応は保守的で、規模の小さな会社はなかなか相手にしてもらえません。創業して日が浅い起業家が初めから信頼関係を築くのは難しいかもしれません。

地方銀行 ：特定地域でビジネスを展開する企業向け

横浜銀行、静岡銀行、八十二銀行などのように各都市に基盤を置いて活動している銀行です。都市銀行よりも地域との密着性が強いのが特徴です。都市銀行よりも気さくに融資の相談にも乗ってくれます。小規模な会社でも取引しやすい銀行です。

信用金庫 ：地域に密着したビジネスを展開する企業向け

営業地区内の中小企業や個人が会員となって地域の繁栄を図る相互扶助を目的とした非営利の金融機関です。会員から預かった預金を、地域社会の中小企業や個人事業主や個人に融資し、地域社会の利益を優先する銀行です。一般的に都市銀行よりも決算書にとらわれる事なく、会社の将来性や社長の人柄、事業の成長への期待等を見て融資をしてくれるのが特徴です。

信用組合 ：地域に根ざし、同業種の組合に加入できる企業向け

組合員が相互扶助の理念に基づいて預金をしあい、必要なときに融資を受けられることを使命とする、地域密着型の非営利の金融機関です。信用金庫との違いは、信用金庫は誰でも預金できるのに対して、信用組合は組合員しか預金ができない等、相互扶助の精神がより強い地域密着型の金融機関です。地域の中小零細事業者や住民が作る「地域信用組合」、同業種の人たちで集まって作る「業域信用組合」、官公等、企業の職場に勤務する人たちが作る「職域信用組合」があります。

ゆうちょ銀行 ：全国からの振込がある企業向け

全国に支店があり、郵便局の民営化に伴って設立された金融機関です。融資はスルガ銀行のローンを仲介する程度ですが、日本全国に支店があると

いうメリットがあります。通信販売など小口の振込が多い場合に便利な銀行です。

ネット銀行：**インターネットによるビジネス展開をする企業向け**
ジャパンネット銀行やソニー銀行、楽天銀行のように、原則的に店舗を持たず、インターネットによる取引を中心とした銀行です。一般の銀行より手数料が低く、24時間決済可能なため、ネットショップを展開する際に便利な銀行。しかし融資の金利は高い。

審査ってどんなところを見るの？

　金融機関が起業間もない会社に融資を行う上で最も重要視するものは、「事業計画」です。金融機関は事業計画書から、どのくらいの資金が何のために必要か、返済財源はあるのかを検討します。事業計画書からその会社の収益性、成長性、実現の可能性を判断して審査結果を出すのです。

・**会社の評価の仕方**
　会社の価値を図る指針はいろいろありますが、融資をする際に金融機関が重視している指標は以下の3点です。

①収益性　　②財務の安全性　　③成長性

①**収益性**……あなたの会社が利益を出せる会社かどうかということです。利益とは売上から売上を上げるために使った経費を差し引いたもののことです。中でも金融機関は「経常利益」を重視します。経常利益とは本業で稼いだ利益（営業利益）から、営業外収益を加え、さらに金融機関に支払う利息等が含まれる営業外費用を差し引いた利益のことです。この経常利益が黒字であると、通常、収益性には問題が無いと判断されます。

②**財務の安全性**……会社が安全かどうかは手元の現預金とすぐに払わなければならない支払とのバランスで考えます。それを見る指標のひとつに自己資本比率というものがあります。自己資本比率は、実質自己資本を総資本で割って算出します。自己資本比率が30％以上あれば財務内容は健全であるとみなされます。

しかし金融機関は、貸借対照表に隠れている不良資産にも目をつけて、実質自己資本という考え方で安全性を見極めています。たとえば、売掛金の中に回収不能な手形があったり、棚卸し資産の中のデッドストック（不良在庫品）のような、不良資産を資産から外して考えるのです。こういった不良資産を資産から差し引き、代表者借入、不動産担保提供額を加えた実質自己資本で安全性を見ている金融機関がほとんどです。よって実質自己資本比率が高ければ、安全性に懸念はないと判断されることになります。

$$自己資本比率 = 自己資本 \div 総資本$$

また、手元資金が潤沢にあるかどうかも安全性の指標として用いられています。「流動比率」「当座比率」は自転車操業をしていないかを図る指標に使われています。一般的に流動比率は200％以上あると健全だと言われています。当座比率が100％を下回っている会社は、支払が追いつかず、運転資金が不足している状況だと想像できます。金融機関にとってはこれらの比率は高いに越したことはありません。

$$流動比率 = 流動資産 \div 流動負債$$
$$当座比率 = (現預金＋売掛債権＋有価証券) \div 流動負債$$

しかし、経営者視点で考えたとき、流動比率や当座比率が高いということは、余剰資金を次のビジネスに投資できない、将来性の乏しい会社ということになります。

一方、儲かってないのに会社にお金があるという場合もあります。たとえば、設備を売却したとか、体力以上に借入をしたとか、前月より売上が

減少したときも、一般的に手元資金は潤沢となります。いずれにしても会社にとっては非常に危険な兆候ですが最も危険なのは次のような状況のときです。
<u>手元資金に余裕があるために、会社が危険な状況にあることに気づいていない。</u>

　特に危険なのは金融機関から体力以上の融資を受けている場合です。債務過多となると、毎月の返済資金の捻出が困難となるだけではなく、資金が本当に必要となったときに融資を受けることができません。

　金融機関からの借入状況から財務の安全性を見る指標に「有利子負債依存度」があります。体力以上に借入をしていると、この割合が高くなります。毎月の返済が滞り、3ヶ月以上の延滞状況となると、信用保証協会付借入の場合、金融機関は信用保証協会に代位弁済を依頼します。そうなってしまうと、会社の信用は著しく低くなり、新たな借入は当面できなくなります。

有利子負債依存度　＝　有利子負債残高　÷　総資産

③**成長性**……今後企業が発展していく可能性があるかどうかというのが成長性です。金融機関は売上高と会社の実力を示す経常利益の伸び率に注目します。いずれもプラスが望ましいのですが、売上高伸び率がマイナスでも、業態が変わったなどの理由で、経常利益伸び率がプラスになっていれば問題ありません。

売上高伸び率　　＝　（当期売上―前期売上）　÷　前期売上
経常利益伸び率　＝　（当期経常利益―前期経常利益）　÷　前期経常利益

　創業計画は予定にすぎないため、必ず計画通りに行くという保証はありません。そこで金融機関が次に判断材料とするのは、社長や従業員の性格です。それらを把握することが、会社の実態把握には不可欠だと考えています。

〈経営者の資質〉
①社長

中小企業は株主と経営者が同一の場合が多いことから、社長の資質や考え方が事業の勝敗に大きな影響をおよぼします。そこで金融機関は、社長の経営能力はもちろん、気質や性格、年齢や健康状態、社長になる前の経歴、家族構成など多種多様な側面から、社長の人間性を把握しようと考えます。

金融機関が考える素晴らしい経営者とは、信念を持って会社経営を行い、従業員を管理するマネジメント能力があり、戦略的に将来のビジョンを描ける人物です。

■求められる社長像

・信念をもって会社経営を行っている
・従業員に対してリーダーシップがある
・戦略的な事業展開を実施している

②役員

会社の規模が大きくなると、社長ひとりの力では会社経営は行えません。経営者を支える役員の構成や、経営陣の各能力、役員としての資質が見られます。同族というだけで実力はないが、役員になっている人はいないか、役員間の対立はないか、業績不振の立て直しのため親会社から役員が送り込まれていないかなど、将来、あなたの会社の業績に悪影響を及ぼす要素がないかチェックするのです。

■求められる役員資質

・役員一人ひとりに経営能力があるか
・役員間の対立はないか

③株主

　大株主と社長一族の間に内輪もめがないか、株主間に相続の争いはないかなど、会社の業績にマイナスになる要素がないか注目されます。特に、オーナー以外の法人株主に対して重大な関心を寄せてきます。上場企業などの大手の企業が株式の一部を保有していれば、それだけ会社の信用は高まります。

　一方で、金融機関はあなたの会社に貸し出した融資で、他社の赤字を補填することを嫌います。法人株主がいる場合は、破綻しそうな親会社が資金調達のために子会社を作ったのではないか、法人株主はいなくても、株主やその親族が別会社を持っているのではないか、その別会社が資金難に陥っていないかという目線で見られているのです。

■求められる株主の資質

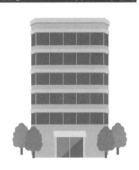

・株主と経営者間に争いはないか
・法人株主がいる場合、親会社の決算に問題はないか

④従業員

　少しでも規模が大きくなれば、実際に営業活動を行っていく従業員を雇うことになります。従業員が活き活きと働いているか、能力の高い人材がそろっているか、適材適所に必要な人材が配置されているか、社員全員がモチベーション高く働いているか、職場に活気はあるか、電話対応に問題はないかといった点で評価されます。

■求められる従業員像

・適材適所に必要な人材が配置されているか
・モチベーション高く働いているか

⑤組織

　ひとりのずば抜けた能力よりも、組織全体として強みをいかにして発揮させるのかが重要です。組織として固有の競争力をつけていくことで、競合他社に負けることなく、企業を維持していくのです。その企業が固有に持っている有形無形の資源を組織として活用する能力である組織能力を高めることが重要です。外部からわかりにくい、裏の競争力である長年かけて積み上げた組織全体が持つ競争力が、独自の強みとして威力を発揮するのです。

■ 求められる組織の資質

・組織として独自の競争力があるか

強みのある会社の特徴
- 自由に発言できる
- チャレンジ精神旺盛
- 従業員に主体性がある
- 活気がある
- チームワークがある
- 効率的に働く
- まじめに働く
- 従業員全員が同じ方向を目指している
- 社内のコミュニケーションがスムーズ
- 情報共有が成されている
- 従業員のモチベーションが上がる組織づくり

ヒアリングではどんなことを聞かれるの？

着ていく服装は……

　まだ事業の実績がない会社にお金を貸す場合、金融機関は、社長であるあなたの人間性や事業に臨む態度についてもよく見て判断材料としています。金融機関の担当者にとってあなたは初対面の相手です。初対面の印象が悪ければ、通る融資も通らなくなってしまいます。人は見た目で9割が決まります。もしあなたが、ボサボサの髪で無精ひげをはやして、ヨレヨレの服に、汚れたサンダルで銀行に訪れたら、金融機関の担当者でなくても好印象は持たないでしょう。特別に高いスーツを用意していく必要はありませんが、きちんとした服装で出かけるのが社会人としてのマナーです。

ヒアリングの中身……

　金融機関担当者はあなたに質問した内容をもとに審査のために稟議書を書かなければなりません。あなたの融資を断るためにヒアリングをしてい

るわけではありません。金融機関にとってあなたは、「お金を借りてくれる」お客様です。あなたにとって武器となるような情報を稟議書に書けるように一生懸命質問してくれているのだと思ってください。

ヒアリングでは、あなたのことを理解するために、プライベートな質問をされる場合もあります。これまでの仕事や、勤務年数、家族状況や配偶者の勤め先・年収、生活費は誰が出しているか、個人的な借金はないか、不動産を持っているかなど、立ち入ったことを聞かれる場合もあります。担当者とあなたは融資実行に向けて共に取り組むパートナーだと思ってヒアリングに臨めば、起業に対する自分の思いを担当者にぶつけることができるはずです。

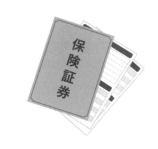

自分自身の言葉で事業内容を説明し、なぜこの事業を行いたいのか、なぜこの事業が成功すると思うのか、事業の問題点は何かなど、事業にかける熱意をあなたの言葉でしっかり伝えましょう。

もしわからないことを聞かれたら、「今はわからないので帰って確認してまたご連絡します」と答えましょう。適当に答えて、無理をして取り繕おうとしても担当者にバレてしまいます。もしくは、わからないことは担当者に相談してしまうのもいいでしょう。いいヒントをもらえるかもしれません。

希望金額について……

ヒアリングで最も重要なのは、融資希望額と使い道をきちんと述べることです。

「いくら借りられますか」と聞きた

くなる気持ちもわかりますが、融資金額はあなたの会社がいくら必要としているかによって決まるのですから、いくら必要なのかはっきり伝えましょう。そして、なぜその金額が必要なのか、見積書や創業計画書を用いて根拠を説明しましょう。

　設備資金については、なぜその設備が必要なのか、売上にどのような効果をもたらすのかについてわかりやすく伝えましょう。

返済方法について……

　何年間で返済できるのか、毎月いくらまでなら払えるのか、毎月どれくらいの利益が見込めるのか具体的な金額を考えておきましょう。

　事業計画書に売上予測や経費の数字の根拠も記載しておけば、事業計画書を見ながら説明するだけです。事業計画書の書き方はあとで詳しく説明します。

金融機関が注目するのは……

　金融機関が重要視するのは、利益からの返済ができなかった場合でも、あなたに返済できるアテがあるかどうかという点です。日本政策金融公庫や銀行としては、保証人もなく担保も無いあなたに融資するとして、もし起業がうまくいかなかった場合、回収の可能性のめどをつけておきたいのです。

　そこで金融機関は、あなたが個人として所有している定期預金や有価証券、担保の評価が出る不動産があるかどうかも注目しています。また万が一のときに、あなたを援助してくれる家族や親戚の資産状況や安定した収入があるかどうかも判断基準としています。あなたを熱心に支援してくれる支援者が多いほど、あなたの事業に対する金融機関の見方も変わります。

　最後に最も重要視するのは、あなたの起業への決意の大きさです。金融機関はどうやって目に見えない決意の大きさを判断するか。それは、<u>起業するために、どれだけ自己資金を準備したか</u>ということです。

資金をためる努力もしないで、創業資金の大部分を融資に頼るという考えでは、起業への決意が低いと判断されても仕方がないのです。開業資金の少なくとも半分以上は、自己資金で賄えるくらいの手元資金があれば、融資審査は通りやすいでしょう。

第4章
補助金ってどんなもの？

- ■補助金って何？
- ■誰がもらえるの？
- ■どれくらいの期間でもらえるの？
- ■補助金のしくみ
- ■補助金受給までの流れ
- ■もらえる補助金の検討方法
- ■創業補助金の申請方法
- ■必要書類
- ■助成金とは？

補助金って何？

「補助金」とは、政府や地方自治体、外郭団体などが、一般市民や民間企業などに対して交付する金銭的な給付のことです。ある一定の政策的な意図を持っており、返済不要の資金です。企業だけではなく、民間団体、自治体、個人なども交付を受けることができます。

政府には達成したい目標があり、補助金を交付すればその目的にあった事業に取り組む人が増えるため、国は補助金に力をいれています。また特定の事業を補助金の対象とすることで、その事業の拡大を後押しすると共に、国の政策目標を達成するのがねらいとなっています。

補助金の3ポイント

①それぞれの補助金ごとに目的と仕組みがあります。
- 補助金は、国のさまざまな政策ごとに、いろいろなジャンルで募集されています。
- 種類は3,000を超えます。
- それぞれの補助金の「目的・趣旨」といった特徴をつかんで自分の事業とマッチする補助金を見つけましょう。

②補助を受けられるのは事業全部または一部の費用。
- ただし、必ずしもすべての経費が交付される訳ではありません。事前に募集要項等で補助対象となる経費・補助の割合・上限額などを確認しましょう。

③補助の有無やその額については審査があります。
- 補助の有無・補助金額は「事前の審査」と「事後の検査」によって決定します。審査には「申請」が必要です。ポイントをわかりやすくまとめて申請しましょう。
- 補助金は後払い（精算払い）です。事業を実施した後に報告書等の必要書類を提出して検査を受けた後、はじめて受け取ることができます。

誰がもらえるの?

　補助金には予算があるため、応募した会社の数が多ければ、選別され交付先が決まります。審査の過程を通過し選ばれた応募者が、補助金を受け取ることができるのです。審査はまず書類審査によってふるいわけられます。その後、優秀と思われる企業に対して面接が行われることもあります。補助金の応募期間は3週間から1ヶ月程度であり、補助金の種類は年間3,000以上もあるため、自分の会社に適した補助金を見つけるのがなかなか大変です。

　近年は役所出身者や有識者による専門コンサルタントも出てきていますので、相談するのもひとつでしょう。

どれくらいの期間でもらえるの?

　補助事業に対する経費を支払った後でお金がもらえる後払いが多いため、受給するまでに時間がかかります。また事業に対して全額が補填されるわけではありません。そのため対象事業の経費を前払いする、つなぎの資金を準備しておく必要があります。

補助金のしくみ

　補助金の多くは認定支援機関と一緒に取り組む事となっています。認定支援機関とは税理士・公認会計士・中小企業診断士・金融機関等の専門家の中から、国から相談窓口として認定された個人や会社のことです。

補助金受給までの流れ

ステップ1 知る
インターネットで自分の事業に合った補助金の情報をさがします。
※中小企業庁サイト:「補助金等公募案内」ページなどを参照ください。

▼

ステップ2 申請する
申請したい補助金を見つけたら募集要項・申請書をダウンロードし、必要な内容を記入して事務局に提出します。
※自身の事業が補助対象となるかについての確認、補助対象になる経費とならない経費の確認をします。

▼

ステップ3 決定する
選定結果を受け取り、補助金が交付される事業者に決定したら(採択されるといいます)「交付申請書」を事務局に提出します。

ステップ4 事業の実施
交付決定された内容で事業をスタート!
途中で実施状況について事務局のチェックを受けます。
※交付時の計画を、勝手に変更してはいけません。また補助金の対象となる経費については、領収書や証拠書類をすべて保管しておく必要があります。

▼

ステップ5 補助金の交付
実施した事業の内容やかかった経費を報告します。
きちんと実施されたと確認されると補助を受けられる金額が確定し、補助金を受け取ることができます!

▼

(終了後5年間)
補助金の対象となる領収書や証拠書類は、補助事業の終了後も5年間は保

管しておく必要があります。この間に一定以上の収益が認められた場合は、補助金の額を上限として国に納付して頂くものもあります。

(資料提供：ミラサポ)

もらえる補助金の検討方法

　補助金は年によって、廃止されたり、新設されたりと情報収集するのが大変です。そこで、中小企業庁が「ミラサポ」というサイトに、中小企業や中小事業者が使えそうな補助金・助成金を紹介しています。

　また、弊社の「エイチタップ」という補助金・助成金申請支援サービスサイトでは、補助金申請アドバイザーが申請に必要なノウハウからポイントをおさえた書類づくりまでをサポートしているので、合わせてご活用ください。

ミラサポ　中小企業庁
https://www.mirasapo.jp/subsidy/index.html

エイチタップ
https://htapp.jp/

創業補助金の申請方法

　「創業促進補助金（通称：創業補助金）」とは新しい産業の創設や雇用を通じて地域を活性化しようとする人を応援するのが目的です。店舗や設備を借りるための費用、マーケティングに必要な経費、広告費、人件費、弁護士・弁理士などの専門家との顧問契約のための費用等、補助金の最高受給額が200万円となっています。また補助率は補助対象経費の3分の2となっています。

必要書類

補助金交付決定前

①申請時

申請とは、事業者（みなさま）が、補助金を申し込むことです。補助金を希望する事業の内容・必要な費用・実施の効果についてまとめ、申請書という形で事務局に提出します。

提出書類は下記のとおりです。

提出書類　応募申請書／事業計画書／経費明細書／事業要請書

②採択時

採択とは、事務局が補助金の交付を受ける事業者を選ぶことです。
申請のあった全事業者に採択か不採択の結果を通知します。
受取書類は下記のとおりです。

受取書類　選定結果通知書／補助金交付規程／交付申請書

③交付時

補助金を受けることが決定した事業者が、必要な経費等を申請します。それが事務局に受理され、交付決定通知書の記載内容で補助金が受けられる事業内容、費目と金額（概算）が決まります。

提出書類は下記のとおりです。

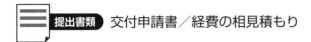
提出書類 交付申請書／経費の相見積もり

受取書類は下記のとおりです。

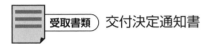
受取書類 交付決定通知書

補助金交付決定後
　実施した事業の内容やかかった経費を報告します。きちんと実施されたと確認されると補助を受けられる金額が確定し、補助金を受け取ることができます。

④実施時
　補助事業者※が、申請した内容で事業を実施することです。途中、事業が問題なく進行しているかの、事務局による中間審査（監査）や状況報告などを行う場合があります。
　提出書類は下記のとおりです。

提出書類 計画変更申請

※補助が認められた事業者を「補助事業者」、その事業を「補助事業」といいます。

⑤報告時
　補助事業※の実績について、どんなことをしたか、どういう効果があったかを写真や文章で報告する報告書を補助事業者が作成することです。また、補助金の対象となる経費についての支払実績のわかる領収書、契約書や証拠書類などのエビデンス（証憑）の用意も必要です。

提出書類は下記のとおりです。

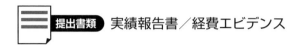 実績報告書／経費エビデンス

⑥確定時

補助事業が適正に行われたと認められると補助金額が決まります。補助事業者には補助金額確定通知書が送られます。

受取書類は下記のとおりです。

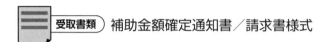 補助金額確定通知書／請求書様式

⑦請求時

請求とは、補助事業者が、補助確定金額を事務局宛てに請求することです。

提出書類は下記のとおりです。

 請求書

(資料提供：ミラサポ)

助成金とは？

　補助金と似たもので助成金というものがあります。これは雇用促進のために、国の主に厚生労働省が管轄しているもので、人件費や開業費の一部を支援してくれる支援金制度です。補助金との違いは、助成金は条件さえ満たしていれば、会社の規模や業績に関係なく、誰でも受けられるというのがメリットになっています。

　助成金の種類は50以上もあり、毎年適用の条件が変更されたり、廃止になったり、新しい助成金が新設されたりします。数少ない助成金を獲得するために、インターネットで各制度を紹介する官公庁のサイトをチェックして、最新の情報を入手しておきましょう。自分に当てはまりそうな助

成金を見つけたら、もらえるかもらえないか独断で決め付けずに、各助成金を担当する窓口に相談に行くことをオススメします。

参考になるサイト
厚生労働省
http://www.mhlw.go.jp/seisakunitsuite/joseikin_shoureikin/
東京労働局
http://tokyo-roudoukyoku.jsite.mhlw.go.jp/hourei_seido_tetsuzuki/kakushu_joseikin/_118530.html

第5章

補助金の申請書はどう書くの？

- ■ 申請書　様式１
- ■ 申請書　様式２
- ■ 交付申請

第5章 補助金の申請書はどう書くの？

補助金の申請書は様式1、様式2の2部構成となっています。以下が各様式を書く上でのポイントです。

▍申請書　様式1 （巻末資料①補助金申請書109ページ参照）

「行いたい事業の核心は何なのか」をまとめることがポイントとなります。

①事業テーマ名

「テーマ名を見ただけで事業の内容がわかるように、30字程度で記載」する。

業種名だけの平凡な名称はNGです。読む気を喚起するようなテーマ名で審査員をひきつけます。採用されると、記載したテーマが中小企業庁等のホームページで公表されることになります。

②事業計画の骨子

「事業テーマに記載した事業を実現するために何をどう行うのか、イメージしやすいように100字程度で記載」することがポイントとなります。

様式2の「事業内容」を要約する形で記入するといいでしょう。

▍申請書　様式2 （巻末資料①補助金申請書110～119ページ参照）

「熱意をこめて書いた事業計画」が審査で重要なポイントとなります。

創業補助金は地域経済を活性化するために新しい事業を支援することが目的となっています。商品、サービスのセールスポイント、特徴は何なのか、既存の商品との違いは何なのかという点がわかりやすく記載できているかがポイントになります。特に、その地域におけるニーズに対して、既存の商品や事業者との異なる点はどんなことなのか、またどのような取り組みによって、ニーズの拡大を図っていくのかをアピールするのがいいでしょう。

①事業の具体的な内容
　商品やサービスの特徴や強みを記載すると共に、ターゲットは誰か、どうやって取り組んでいくのかを具体的に書きます。
　記載する際に、補助金の審査員にわかりやすいように、図、グラフ、画像を活用するのがいいでしょう。
　事業の継続性も重要なポイントとなるので、具体的に記載する必要があります。原材料や商品の仕入計画・生産計画、価格の設定、販売計画等を細かく記載し、事業が継続的に続く理由を記載します。またその事業展開の体制をどのように構築していく予定なのかもあわせて記入します。
　さらに事業を行う上で想定されるリスクや問題点も具体的に記入し、それらの課題の解決方法を考えているかも記載しましょう。

②本事業の動機・きっかけ及び将来の展望
　事業を通じて実現したい環境、将来的にはどのような可能性を実現したいと思っているのか、そのためにどのような準備をしてきたのか等を記載します。また、事業を始めようと思ったきっかけや背景、この事業を行うのが自分でなければならない理由を書きます。

③本事業の知識、経験、人脈、熱意
　職歴を書く際に事業の内容とつじつまが合うように、この事業を行うための知識や経験をどのように積んできたのか記入します。また、これまでに構築した人脈でこの事業を展開する上で、どのような支援や協力を得ることができるのかについてもアピールするといいでしょう。

④本事業全体に係る資金計画
　交付決定日～事業完了予定日の間に必要と想定されるすべての資金と、調達方法を記載します。まだ事業を始めていない場合は、準備期間の資金も加えて算出することもできます。

- **必要資金**は「設備資金」と「運転資金」の2つ
- **設備資金**とは……会社の土地・建物、敷金・保証金、建物の内外装工事、機械装置、工具、器具、営業車等。
- **運転資金**とは……設備資金以外の資金。例えば、人件費、店舗の賃借料、商品、材料の仕入、広告宣伝費、水道光熱費等です。
- **調達方法**とは……必要な資金をどうやって調達するかを、自己資金・金融機関からの借入金・親族からの借入金・売上金、補助金交付希望額に分けて記入します。
- **補助金交付希望額相当額の手当方法**とは……補助金が支払われるのは補助事業期間が終了したあとです。そのため、補助事業期間内に「補助金交付希望額」に相当する金額を、自己資金や借入金等の別の方法で用意する必要があります。

⑤事業スケジュール

　実施時期（1年目、2年目……）の期間は個人事業主の場合は1～12月、法人の場合は決算期で考えます。よって個人事業主なら開業した年、法人なら設立した年が1年目にあたります。会社の設立前に行った取り組みを1年目の取り組みに記入してもかまいません。

　今後実際に行う予定の取り組みについて、具体的に箇条書きにします。数年にわたって継続的に行うものは、繰り返し記入しましょう。

記載内容例

事業開始前	市場調査や事業の検討、法人設立準備、事業場所の検討、人材募集、設備の購入、内外装工事、広告の作成、Webサイト立ち上げ、PR活動等
事業開始後	販路開拓方法の検討、販売先との交渉、新規取引先への営業、次の事業展開への準備等

⑥売上・利益等の計画

　設立した月によっては初年度が12ヶ月未満となる可能性もあります。1年目が終わっている場合は実績値を記入します。積算根拠の欄には、計算根拠を具体的に記入します。多数の商品を取り扱っている場合は、商品ごとの売上高、主要売上先、主要仕入先の情報も加えます。

⑦経費明細票

　設備資金、運転資金の中から、補助対象となる経費を抽出して記入します。

補助金対象になる経費・対象にならない経費

人件費	
対象になる	**対象にならない**
・補助事業に直接従事する従業員に対する給与、賃金 ・賞与、通勤手当などの手当て 　（1人あたり35万円/月、8千円/日）	・法人の代表者、役員の人件費 ・個人事業主本人と家族の人件費 ・雇用主が負担する社会保険料など ・食事手当、レクレーション手当など飲食、娯楽にあたる手当て ・通勤手当、交通費に含まれる消費税
創業等に必要な官公庁への申請書作成等に係る経費	
対象になる	**対象にならない**
・国内の開業のために、司法書士、行政書士等に支払う申請書類作成料	・登録免許税 ・印鑑証明等の証明書類取得費
店舗等借入費	
対象になる	**対象にならない**
・国内の店舗、駐車場等の賃借料、共益費 ・上記の借入に伴う仲介手数料 ・住居兼店舗などのうち、店舗部分に対応する部分	・敷金、礼金、保証金 ・火災保険、地震保険 ・応募者の親族が所有する不動産の借入費 ・海外の物件の借入費及び手数料
設備費	
対象になる	**対象にならない**
・国内の店舗等の開設に伴う工事費用 ・国内で使用する機械装置、工具器具備品	・敷金、中古品の購入費 ・不動産の購入費 ・車両の購入費 　（リース、レンタルも含む） ・汎用性が高く、本事業以外でも活用できるもの ・海外の店舗などの開設にともなう工事費用 ・海外で使用する機械装置、工具器具備品

第5章 補助金の申請書はどう書くの？

原材料費	
対象になる	**対象にならない**
・試供品やサンプル品 （補助事業期間内に使い切ること）	・販売のための仕入

知的財産等関連経費	
対象になる	**対象にならない**
・特許権（実用新案、意匠、商標等）を取得するための弁理士費用 ・外国特許出願のための翻訳料 ・外国の特許庁に納付する出願手数料 ・先行技術を調査するための費用 ・国際調査手数料 ・国際予備審査手数料 ・応募者本人による出願 ・補助対象経費総額（税抜）の3分の1以内	・他者からの知的財産権の買取費用 ・日本の特許庁に納付される出願手数料 ・拒絶査定に対する審判請求、訴訟に掛かる経費 ・国際調査手数料、国際予備審査手数料のうち、日本の特許庁に納付される手数料 ・外部の者と共同で行う出願 ・本事業と密接な関係のない特許など ・他の制度により補助金の支援を受けている場合

謝金	
対象になる	**対象にならない**
・本事業を実施するために必要な専門家等に支払う経費	・本補助金の応募書類作成代行費用

旅費	
対象になる	**対象にならない**
・本事業を実施するために必要な国内、海外出張旅費 ・宿泊料については地域による上限あり	・タクシー代、ガソリン代、高速道路通行料金、レンタカー代、グリーン料金、プレミアムシート料金、ビジネスクラス料金、ファーストクラス料金、公共交通機関以外の料金 ・日当、食卓料 ・プリペイドカード付宿泊プランのプリペイドカード代

マーケティング調査費	
対象になる	**対象にならない**
・販路開拓に掛かる広告宣伝費、パンフレット印刷費、展示会出展費用 ・宣伝に必要な外部人材の費用 ・ダイレクトメールやメール便等の実費 ・販路開拓のための説明会等の開催費用	・切手の購入費

外注費	
対象になる	対象にならない
・事業遂行に必要な業務の一部を第三者に外注したときに支払う費用	・販売用商品の製造及び開発の外注

委託費	
対象になる	対象にならない
・事業遂行に必要な事業の一部を第三者に委託したときの費用 ・補助対象経費総額(税抜)の2分の1以内 ・原則として2社以上からの相見積もりをとった場合	・販売用商品の製造及び開発の委託 ・委託契約書がない場合

その他	
対象になる	対象にならない
	・求人広告 ・通信運搬費、水道光熱費 ・プリペイドカード、商品券などの金券 ・事務用品、衣類、食器等の消耗品、雑誌購読料、新聞代、書籍代 ・団体などに支払う会費、フランチャイズ契約の加盟料、一括広告費 ・本人や従業員のスキルアップ、能力開発のための研修費用 ・飲食、奢侈、遊興、娯楽、接待の費用 ・自動車等の修理代、車検費用 ・税務申告や決算書作成のために支払う税理士(公認会計士)費用、訴訟のために支払う弁護士費用 ・消費税、各種保険料 ・振込手数料 ・借入金等の支払利息、遅延損害金 ・中小機構に支払う費用 ・ほかの事業との区別が明確にできない費用 ・社会通念上、不適切な経費

第5章 補助金の申請書はどう書くの？

交付申請

　事業が採択されると、「交付申請」という手続きに移ります。採択により事業内容が補助事業として認められたことになりますが、経費内容まで認められたことにはなりません。

　交付申請によって、すべての経費の計算根拠の提出が求められます。申請時に提出した経費明細書の金額が更に精査され、内容によっては減額されることもあります。交付決定通知の後に計画を変更し、新たに経費が発生してもその経費は補助の対象にはなりません。申請の時点で、具体的で現実味のある計画が立てられるかが大切です。

第6章
事業計画書はどうやって作るの？

- ■事業計画書を書く目的は何か？
- ■事業コンセプトをどう決めるか？　■経歴について
- ■取り扱う商品・サービスについて
- ■商品・サービスの価格は？
- ■ターゲットは誰か？　■仕入先の賢い検討
- ■事業内容・企業体制を明確化する　■マーケティング戦略
- ■事業の問題点、リスク　■競合分析　■人員計画はどうするか？
- ■協力者・支援者　■アクションプランを立てよう
- ■プロモーションを行う　■許認可を取得する　■人件費
- ■売上高の目標額　■販売数の予測の立て方
- ■持続可能な事業であることを表そう

事業計画書を書く目的は何か？

　補助金申請や融資審査のために作ることが多いと思いますが、直接必要性に迫られていなくても作りましょう。なぜなら、一大決心をして起業しても、なかなか事業がうまくいかないケースもあります。その要因は様々ですが、その多くは事業計画書を作成せずに無計画に自分の思い入れだけで起業してしまったケースや、事業計画書の作成において検証が甘かったケースがあります。事業計画書の作成は、起業を成功させるための通過点なのです。

　事業計画書を書く最も重要な目的は、自分自身で事業内容の細かいところを確認することです。誰に、何を、どのように、提供するのか具体的に書いてみましょう。苦労しながら、何度も何度も書き直すことで、事業の方向性を客観的・論理的にチェックすることができるのです。

　事業の細かいところや数字面の検証をすることで、事業計画書を書き上げる頃には、事業の方向性が明確になり、自分の夢の実現に向けた第一歩を自信を持って踏み出すことができるようになっているはずです。

事業コンセプトをどう決めるか？

事業コンセプト※の重要性

　30秒以内で説明できるくらい明確に整理しわかりやすく「ウリ」をひとことで表します。ウリとなるものは、他との違い、優位性、付加価値等についてシンプルに説明したものです。あらゆるシーンで相手の印象に残るようなインパクトがあり、誰が聞いても理解できるような説明が求められます。

　　※コンセプト……概念のこと。簡単に言うと全体の元となるおおまかな考え方のこと。

　まず創業の動機（始まり）と創業の目的（終着点）を明確にします。あなたが起業したいのはなぜですか？　お金持ちになりたい、安定した暮らしを手に入れたい、従業員を幸せにしたい、世の中の役に立ちたい……

その答えは人それぞれだと思います。正解が何かなんてありません。

ただ、原資が税金である創業融資、補助金の交付の場合は別です。お金儲けが目的だとしたら、自分のお金だけで始めればいいことです。税金を使ってお金を調達するにははっきりした理由が必要になるのです。

そこで重要になるのが「顧客目線」です。あなたが始める事業によって、お客様のニーズが満たされたり、不満が解消されたり、世の中にどんないい影響をもたらすのでしょうか。顧客目線で考えてみてください。

さらに「理念なき会社に発展はない」という事実を心にとめておいてください。目的や将来目指す方向に礎となるような理念があることで、一本筋が通ってぴしっとした会社が成長していくものです。

起業の動機について	(例)より多くの方に信州そばを知ってもらいたい。信州そばを通して、長野に関心を持ってもらいたい。
経営理念、事業の目的、将来目指すもの	(例)本場の信州そばの提供を通じ、多くの方に本場の味が楽しめる喜びを提供する。信州そばをメインとしたコース料理の提供によりそばの新しい面を気づかせる。5年後には2店舗目、6年後には3店舗目を開店し、多くの方に本場の味を知って頂く。

経歴について

経歴を書くとともに、自分の長所を最大限にアピールする

自分の経験やノウハウ、技術を明確にします。創業融資の場合は通常の融資と違い、過去の経営実績を検討材料にできないため今までの職歴が非常に重要視されます。日本政策金融公庫であれば、今回創業する事業内容に関連する職歴が6年あることがひとつの目安です。

経験は年数だけではなく、事業に携わった中身を重視します。大切なのは自分の経歴について、経験、ノウハウ、知識、資格など自分のやってきたことや長所を最大限にアピールすることです。

自分以外には容易に経験できないこと、誰にも負けない強みや役割や経験年数、どんな仕事を経験してきたのか振り返りながら、書きましょう。

3つの能力で強みを見つける

> 1、仕事を遂行するための技術力
> 2、個人の資質に属する他社には真似のできないスキル
> 3、経験の中で蓄積した無形のノウハウ

- **技術**……品質に関する誇れる能力のこと
  （例）特許権、知的財産、壊れにくい、精密である、質の高い製品を作れる等
- **スキル**……努力し、身につけてきた能力のこと
  （例）コミュニケーション能力、営業力、交渉力、クロージング能力等
- **ノウハウ**……学習してきた経験値のこと
  （例）資材の調達ルート、品質管理の方法、広告宣伝の知識、経営能力等

例1　飲食店
㈱A社にて2期連続で全店1位の売上高を達成。以降店長に就任し、最後はエリアマネージャーとなる。その後居酒屋○○を全国展開している㈱B社に入社。8ヶ月で店長に就任し、売上高対前年比180％を達成。以降3店舗にて店長を務める。

例2　建設業
㈱C社にアルバイトとして主に土木工事の現場を担当する。2年後、工事技術の高さと現場判断能力の高さに評価をもらい、正社員となる。その後数多くの現場を担当し、現場統括リーダーに就任。安定した工事技術の提供に貢献する。

取り扱う商品・サービスについて

何を提供するか？
ウリは何か……

　商品・サービスなど、「何を」提供するのかを具体的に決定するのは当然のことです。さらに一歩踏み込んで考えておくべきことは、他店に負けない一番の「ウリ」は何かを決めることです。

　例えば、コンサルタント業であれば、クライアントへの提供価値は何であるかを考えます。どんな手法で、報酬はいくらで、施策を進めるのに何ヶ月かかって、それによってクライアントは何を得るのか？　高いお金を払ってまでも得るものは何なのかを考え抜くことです。

　ありがちな失敗例は、客観的に見て「何となく」それを提供しようとしているような状態です。経験を活かせば「何となく」コンサルタント業ができるのではないか等です。「何となく」、すなわち考えが浅い状態で起業してうまくいくほど甘くありません。

　そのようにならないためにも、提供しようとしている商品・サービスについて詰めが甘い点がないかどうか、専門家などの第三者に起業前の早い段階で客観的なチェックをしてもらうことをオススメします。

商品、サービスの内容は何か……
Who, What, How の３つの要素を書き出してみましょう。

- **Who**：あなたの商品を買って、または利用してメリットを受けるのは誰でしょう？
- **What**：そのターゲットに対してどんなメリットを提供することができるのでしょう？
- **How**：どうやったら、お客様にそのメリットを受け取ってもらえるのでしょう？

自社の強みを最大限に活かすには……

　先行する他社がいる市場に、初心者として参入するわけですので、一瞬で打ちのめされないよう念入りに練った準備と対策をして挑むことが必要です。そのためには競合他社の分析が必要不可欠です。他社に勝つために、自社の強みと弱みを見つけます。自社の強みを活かすことで他社との差別化を図ることができれば勝ち残ることができます。さらに、通常期待される以上の付加価値を付けた商品・サービスを提供できれば、ライバル会社よりも優位に立って事業を行える可能性が高まります。

　大切なのは、自社独自の強みはあるかということです。「他社ではダメ」という認識を消費者に植え付けることで他社との差別化を図るのです。提供する商品・サービスに特徴がなければ、価格による競争に巻き込まれてしまいます。

■差別化できる要素は？
・老舗有名店Aで15年修業した実績
・信州産を中心に信州そば、天ぷら等に合った食材が仕入れられる食材調達力
・自家製だしやそば粉の割合、こね具合など独自のレシピ
・時期や湿度に合わせた水加減など、最高なのど越し、風味を引き出す仕込み
・3種類の異なるそばの提供により、他店では味わえないそばの風味を提供する
・手打ちによる熟練技
・これらにより他店では味わえない信州そばが提供できる

食材のこだわり

　取り扱う食材はすべて信州産の食材を用いる。そば粉に関してはそば畑で育てたもので、動物性肥料は一切あたえず、100%植物性堆肥で無農薬栽培し、そばの香りの質を求めている。そば粉にこだわっているため、そばのコースとして

　①生粉打ちそば…そば粉100%を水だけでこね、打ったもの
　②かわりそば…そばの実のでんぷんだけに季節の素材を打ち込んだもの
　③あら挽きそば…そばの実をあらく挽いて、少しの小麦粉をあわせて打っ

たものの3種のそばを順番に提供する3種そばコースを用意している。それぞれのそばが茹で上がってすぐの状態で提供できるよう、お客様の食べている状況を把握しながら、調理を進める。

お酒へのこだわり

当店のそばや季節の天ぷらにあった日本酒を多く取り揃えていく。長野県内の酒蔵で作られた日本酒の提供を行う。

商品・サービスの価値について掘り下げてみましょう。

①商品自体が持つ価値

お客様が受け取るはずである直接的なメリットを考えます。お客様にとってのメリットは、不のつく単語を思い浮かべることで見つけることができます。

（例）

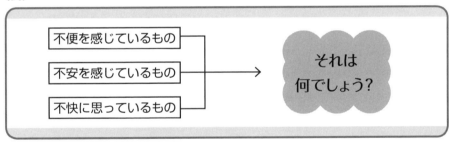

②付加価値

お客様は商品そのものの価値よりも、サービスなどの商品に付随する付加価値を求めて、商品やサービスを購入することがあります。

③時間価値

お客様にとっての最適な時間間隔やスピード感覚を分析して、お客様が求める時間価値を提供していくことが重要です。忙しいお客様にとっては24時間対応やタイムリーな対応にこそ価値を感じてもらえることもあり

ます。人々の生活スタイルが変化したことで、時間価値の重要性はますます高まっています。一方、時間に希少性がある時代だからこそ時間の経つのを忘れて、ゆったりとすごす贅沢な時間にも価値が生まれるのです。

④安全価値

　安全性は、お客様が商品やサービスに求める価値基準のひとつです。人々は情報に対するセキュリティの問題などに価値を見出すようになりました。また、添加物や遺伝子組み換え食品による食の不安、放射能事故による健康被害に対する不安にも敏感になっています。

⑤ブランド価値

　お客様は商品やサービスに対するイメージやステータス・シンボル、愛着といったものにブランド価値を見出す場合もあります。ブランドとは、この商品は絶対に自分を裏切らないという信頼感のことを言います。ブランドを構築するのは並大抵のことではありませんが、一度認知されたブランド価値は、あなたの会社の利益獲得に最大限の貢献をするでしょう。

> 商品の内容は、単に商品の形状や性能など目に見える情報だけではなく、商品が内在している目に見えない価値や商品に付属して発生する価値についても考えてみましょう

商品・サービスの価格は？

提供するサービスの立ち位置はどこか……

　販売価格はいくらですか？　価格は平均より高い？　低い？　商品・サービスのクオリティは普通？　良い？　扱っている商品・サービスはめずらしい？　ありきたり？　商品・サービスの価格帯とクオリティを総合的に見たときに顧客から見て、値頃感はありますか？　ターゲット客層が使えると想定される予算から見て、無理なく買える価格といえますか？　その他の

項目も市場の競合他社と比較して、どんな位置を目指すのか決めておく必要があります。なぜなら、値段はお客様が商品やサービスを購入する動機付けに最も大きな影響を与えるからです。何の工夫もなく激しい競争の中で起業したての会社が生き残るのは至難の業ですので、無計画にレッドオーシャン※を目指して勝負するのではなく、アイデアとニッチを考えてレッドオーシャンに挑むのもひとつです。ただ、創業時はできる限りライバルがいないブルーオーシャン※を模索し、そこで勝負をしましょう。

　※レッドオーシャン……競争の激しい既存市場のこと
　※ブルーオーシャン……まだ誰も参入者がいない競争の無い新たな市場空間のこと

　失敗事例としてありがちなのは、ポジショニングを考えずにライバルだらけのゾーンで勝負してしまうケースです。例えば、大手企業が多数参入しているファーストフード店と競合するような店を、すぐ近隣で出店してしまうというケースです。何の工夫もなくレッドオーシャンで大手企業と張り合っても勝てる見込みは少ないです。

　だからこそ、市場全体の今の情勢や近未来の情勢をよく分析しましょう。競合他社がどんな展開をしているのか、市場をよく見極めましょう。ポイントは他社にないような自社の強みを活かしたときに勝てるゾーンを見つけることです。

　また、絶対に意識しておくべきことは、売り手が売りたい商品・サービスを市場に出すのを優先するプロダクトアウトの発想はしないことです。プロダクトアウトとは売り手目線で商品、サービスを市場に提供することです。選ぶのはお客様です。「いいものが売れるのではなく、売れるものがいいもの」ですから、まず市場のニーズを調べ、それを満たす商品・サービスを提供するマーケットインの発想をすることです。

　最近では世界市場で日本製品が売れず、中国、韓国製品に押されている理由がここです。

　それにはターゲット客層へのヒアリングなどを通じて、お客様に直接、徹底的に答えを聞いてしまうのが確実です。お客様のニーズやウォンツを満たすことに注力しましょう。

第6章 事業計画書はどうやって作るの？

■考えてみよう	■書き出してみよう
どんな商品・サービスのメニューを提供するのか？	信州そば、信州産食材を活用した郷土料理をコースのみで提供。 ドリンク（アルコール、ソフト）
イチオシのメニューは？	手打ちそば
ユーザーが得るメリット・価格は？	厳選した食材にこだわった信州そばを提供することで、一般的なそばではなく高級な信州そばを味わえる。価格設定は手打ちそばにしては手ごろ。
事業の社会的意義は？　目的は？	お客さまが、長野に行かなくても本場の手打ちそばが食べられる。古くから信州に伝わる伝統の食文化を受け継ぐことができる。自然豊かな長野の素晴らしさを伝え、関心を持ってもらい、長野の認知度が向上する。
販売価格は？	手打ちそば1,000円、 生粉打ちそば1,500円、 季節の天ぷらそば1,200円 各種コース 梅コース1,500円 （小鉢、手打ちそば、あら挽きそば） 竹コース2,300円 （小鉢、手打ちそば、かわりそば、そばがき） 松コース3,000円 （小鉢、生粉打ちそば、かわりそば、あら挽きそば、そばがき、デザート） 手打ちそば……そば粉と小麦粉を合わせて水で打ったもの。 あら挽きそば……そばの実をあらく挽いて小麦粉を加え打ったもの。 かわりそば……そばの実の純白のでんぷんに季節ごとの素材を打ち込んだもの。 生粉打ちそば……そば粉100％をこだわりの地下水だけで打ったもの。 ドリンクは生ビール480円、長野県産清酒一合700円ほか

無理なく買える？　値頃感はある？	競合店よりも少し高い価格帯だが、その価格で本場のものがコースとして食べられるため値頃感がある。
市場でのポジショニングは？	ライバル店よりは価格は少し高めの設定。その分、厳選した信州産食材を用いた商品を提供する。
既にレッドオーシャンではない？	周辺の外食店舗は飽和状態だが、手打ちの信州そばをコースで提供する店舗はないため、手打ちの信州そばという観点ではブルーオーシャンである。
プロダクトアウトになっていない？	M銀座店は連日行列ができる。都内でも手打ちの信州そばのニーズがあることの表れである。

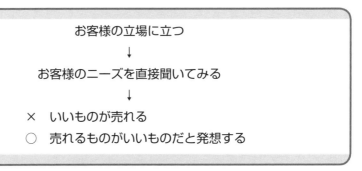

値段設定の方法3つ

①積み重ね　②比較　③お客様目線

積み重ね方法

　製造コスト・仕入コスト、販売コスト、物流コスト等を積み上げていき、最後に自社の利益を乗せて値段を決める方法です。この方法のメリットは自社の利益を確保できるという点ですが、競合他社に比べて値段が高くなりがちです。商品に独自性が無ければ、価格競争で負けてしまうでしょう。

比較方法

　同業他社の類似商品の価格と比較して価格を設定する方法です。すでに低価格商品が市場に出回っている場合には、徹底した合理化によりコストダウンが必要です。この方法は価格競争に巻き込まれがちで、自社の利益を確保しづらいデメリットがあります。

お客様目線

　もし自分が顧客だとしたら、この値段で購入するかどうかという視点で価格を決定します。

ターゲットは誰か？

　商品・サービスの提供は「誰に」行うのでしょう？　できるだけ具体的にイメージしてみます。個人向けなら、年齢層、住んでいる地域、職業は、どんな好みで、何を必要としているか等。会社向けなら、所在地、どんな業種で、開業がいつで、受注先はどんなところで、従業員は何名ですか。どんな課題があって、何を求めていますか。

　仮想ターゲット像となる、1人または1社にまで落とし込みましょう。これをマーケティング業界では「ペルソナ設定」と言います。最大限に想像力を動員して、いくつかの仮説を立ててみましょう。取捨選択をしていくことで、ひとつのペルソナが見えてくるはずです。仮想ターゲットが明確となれば、事業計画全体の軸が決まります。ビジネスを展開していくうえで、軸がしっかりと決まれば、ターゲット客層の嗜好と食い違う可能性も減ります（例えば、ビジネスを展開する場所、商品やサービスの内容や名称、イメージカラー、広告方法等）。

ターゲット像

個人	法人
・住所はどこか ・何歳か ・性別は ・勤務先はどこか ・どんな業種か ・関心があるのはどんなことか ・家族構成は ・趣味はどんなことか ・どんなことに共感するか ・どんな悩みや不安があるか ・どんな夢があるか　等	・どこにある会社か ・業種は ・従業員数は何名か ・平均年齢は ・創業社長か２代目か ・経営課題は何か ・どんなことを実現したいか ・どのくらいの予算があるのか　等

例１

銀行に勤務していて、現在新宿支店にて窓口を担当している。長野県出身で大学時代から東京に在住。
大学卒業後、東京で就職。２８歳独身。
趣味は料理で、料理教室に通っている。土日は代官山のカフェめぐりをして過ごすことが多い。

例２

都心まで電車で１時間の埼玉在住。埼玉県庁に勤務。４２歳課長。６人の部下がいる。若手の育成に奮闘している。
家族構成は同い年の妻、高校３年生の長男と中学１年生の娘がいる。受験を控えた長男と思春期の娘に囲まれ、家に帰っても居場所がない。
趣味はマラソンと山登り。唐揚げやカレーなどのがっつり系の食事が好き。
小遣いは月３万円。

仕入先の賢い検討

　事業の発展に不可欠な、仕入先や外注先等の協力会社を大切にする経営者は成功します。例えば、焼肉屋を開業するとすれば、希少な肉の部位を安定的に供給してくれる食肉業者が必要不可欠となるし、広告作成サービスだとしたら、安定して仕事を受けてくれる、外注業者やデザイナーの存在が欠かせません。優れた経営者は、こういった協力業者とともに発展する方法を考えます。

　仕入先の選択にあたっては、準備の早いうちから検討を開始し、最低の仕入ロット、単価、支払条件等を確認するといいでしょう。支払条件は資金繰り上、重要なポイントとなるので、交渉し少しでも有利な契約にすると安心です。

　仕入先の選定ポイントは、商品によって仕入先を変え、仕入先の強みを捉えることです。例えば、幅広い商品を取り扱っているが、特殊なものは取り扱っていない総合卸や、逆に一部の商品に特化し種類が膨大な専門型卸等があります。自分の取扱商品の特性により仕入先を検討しましょう。

事業内容・企業体制を明確化する

足を動かして行う市場調査

　企業においてマーケティングはとても重要です。事業計画書を書くことで戦略に高度な進化をさせましょう。

　融資担当者や補助金の審査員は「その人が本当にその業界に詳しいのか」、「どの程度の熱意をもって調べているのか」という市場環境の調査状況を知りたがっているということを意識してください。

　例えば、「出店予定場所の現地調査をしたところ、最寄駅周辺には競合店は２店舗しかなく、弊社が提供するような付加価値が高いサービスを提供するところはひとつもなかった」。きちんと現地調査をしたうえで、冷静に判断していることがわかります。

　一方よくあるダメな例は、「日本の○○市場は年々増加傾向にあり、高

齢化社会を背景に20〜30年の間では約30％の伸びが期待できることから、弊社においても発展が期待できる」というマクロ経済から見た統計データをまとめたような机上の空論に終始してしまうケースがあります。図書館やWebの統計データでは独自性が無く、その業界に詳しいのか疑問に思われてしまうでしょう。

　重要なのは、きちんと調査した上で冷静な分析がしてあり、業界経験を活かした準備をしてわかりやすくＰＲできているかです。

市場調査の方法
[ヒアリング]
ターゲット客層に近い人に意見を聞く。ターゲット層に友人がいる場合は、本音をいってもらうようにする。

[アンケート]
アンケートを作成し、多くの人から回答を集めて集計する。少なくとも100人以上のデータを集計する。ＳＮＳやFacebookを使うのも手。

[Web調査]
競合他社をWebで調査する。楽天ランキング、価格ドットコム等の消費者側の属性や評価コメントが掲載されているサイトも参考にする。

[サンプルの購入]
競合他社や、ベンチマークにしている会社の製品を購入したり、資料請求をしてみたりする。

[張り込み]
同じ商圏にある競合他社の前で、張り込んで観察をし、購入者の人数、属性などを調査する。

[現地調査]
同じ商圏にある競合他社の店舗を見て回る。駅からの導線上にある競合店は何か等を調べる。

[体当たり]
商圏が異なる先輩経営者にアポイントをとり、経営状況について教えてもらう。

第6章 事業計画書はどうやって作るの？

|資料・データ|

インターネットや図書館で基礎となるデータを調査する。ただし、これは世の中の方向性を探る役割として利用する。

■市場環境と商品・サービスの特徴

市場環境の調査状況、ニーズについて

商業予定地の銀座は東京メトロが乗り入れし、徒歩圏内のＪＲ有楽町駅はサラリーマンの利用も多く、乗降客数は全国有数の場所である。オフィス街、松屋、三越、プランタン銀座等の大型商業施設が多い。曜日や昼夜を問わず、ビジネスマンやＯＬ、買い物客、旅行客など多くの人で賑わう街である。

▼前提となる基本データでおおまかなイメージを湧かせます。ここでは、創業予定地の客観的なデータである、その駅で利用できる路線、乗降客数等の他、周辺環境とそこにいる人の動向を、実際に現地に足を運び、まとめます。

創業予定地から半径500メートル以内の平日昼間人口は約７万人で、夜はそれ以上の人口が見込める。休日も周辺商業施設への来客が見込め、昼夜を問わず周辺人口は約10万人が見込める。

▼基本データと現地調査から立てた仮説を述べます。平日のみではなく、休日についての仮説を立てているのもポイントです。

実際に創業予定地に現地調査に行ったところ、平日の昼12時と夜19時、土日の昼12時と19時は人が途切れることは無かった。飲食店は多いがピーク時間にはどこのお店も満員状態で、外まで並んでいるお店もあった。

▼仮説に基づき、現地調査で周辺飲食店の客の出入り状況をレポートします。足を使ってきちんと調べた点もアピールします。これにより熱意も伝えます。ターゲットとなる時間帯、曜日、満席の状況などを細かく記入します。

周辺にはそばを提供する店舗は20店ほどある。うち２店はそば専門店であるが手打ちそばではなく、都内で一般的に提供される立ち食い形式の店舗である。

▼周辺の競合店の状況をレポートする。具体的に自分の事業の強みとの比較ができるといいでしょう。

周辺を歩く会社員30人と買い物客30人にインタビューを行ったが、手打ちそばは知っているが、30〜40代の多くは信州そばを食べたことがないと認知度は低かった。しかし、50代以降の買い物客は、以前旅行で信州を訪れた際に、手打ちの信州そばを食べそばの概念が覆されたので、また是非食べたいと熱望された。
▼実際に、ターゲットとなる層とそれに近い客層に聞き取り調査をした報告をします。自分の事業の狙うマーケットと、客層のニーズが合致していることを示すことと、客観的なニーズに基づき事業展開を行うことがアピールできます。

マーケティング戦略

　「誰に」、「何を」、「どのように」売るのかをまとめるとともに、売上金の回収方法を確認します。前述の④〜⑥（第5章、47・48ページ）で検討したことを踏まえて、わかりやすくまとめましょう。これまで考えてきた、販売方法、どうしてその方法を選択するのか、勝算はあるのかといったマーケティング戦略について、説得力が出るようにしましょう。

　この際に売上金の回収条件も記載することが必要です。資金繰りを考えるうえでも、金融機関が資金使途を見る際にも、重要になってくる箇所です。

　たとえば、飲食店ですべての売上が現金払いだとしたら、売掛金が発生しないため資金繰りは円滑に進むことになります。一方、売上の半分がクレジットカード決済だとしたら、売上金の入金までカード会社の締日で15日〜1ヶ月掛かることになります。

　事業計画書を書くにあたり、現金回収とそれ以外の回収方法の割合がどれくらいになるか、売掛金が発生する場合は何日締めの何日払いになるのか確認しておきましょう。交渉しだいで資金繰りにゆとりをもたせることもできるので、意識しておきましょう。

　最も重要なのは売上の見込みです。

　なぜなら「利益の源泉は売上の中にしか存在しないからです」。会社はキャッシュという血液がなければ、事業を継続していくことはできません。

$$売上 － 経費 ＝ 利益$$

第6章 事業計画書はどうやって作るの？

■マーケティング戦略で確認すること

ターゲット客は	周辺のビジネスマン、買い物客、長野県出身者
客単価は	昼1,000円　　　夜2,500円
1日、1ヶ月の平均売上高は	1日 平均8万円、土日 26.8万円 1ヶ月256万円
1ヶ月の営業日数は	25日
回収条件	食後の会計
回収方法は	現金かクレジットカード
何日締めの何日払い	クレジットカード　　15日締めの翌月10日払い
支払条件の設定	可能
クレジットカード会社に諸条件の確認をしたか	カード利用手数料、入金条件等確認済み

マーケティング戦略・販売方法について	・ターゲット 　周辺会社のビジネスマン、買い物客、長野県出身者、信州好き、健康志向な人 ・商品 　手打ち信州そば各種、天ぷら、ドリンク ・価格 　競合より若干高めの水準 ・プロモーション 　食べログやぐるなび等のポータルサイトでの集客、ランチでのチラシ配布、駅前や店頭でのチラシ配布、フリーペーパーへの掲載
販売回収条件	現金もしくはクレジットカード
営業時間	ランチ　AM11：00～PM 2：00 ディナー PM 5：00～PM10：00

予定する仕入先、外注先	食材：そば粉　村山農園 / その他 佐藤商事 / ドリンク N 酒販
仕入先・外注先の特徴は	信州産の取扱商品が多く、私の開店に協力すると話している
最低ロットは	基本的に最低ロット、ドリンクは本単位
支払条件は	掛払い
何日締めの何日払い	どちらも月末締めの翌月末振込
支払条件は設定できるか	できる
最初のタイミングで必要な仕入・外注費は	開業資金と売上金から充当予定
毎月発生する仕入・外注費は	売上金から充当
売上金とのタイミングのずれは	支払が売上金回収の後

どうやって売るか？

　集客チャネル（方法）を具体的に想定し、以下のシートに記入することでビジネスモデルや売り方を再検討します。

集客明細シート

集客チャネル	□ホームページ　□ポータルサイト　□ＳＥＯ □口コミ　□代理店制度　□手撒チラシ □ポスティング　□フリーペーパー その他(　　　　　　　　　　　　　　　)
客層	
時期	いつから集客の実施を行うか？
頻度	(例)月１回のフリーペーパー掲載／週１回の手撒チラシ
効果	集客の効果が表れるのはいつから？
担当者	
予算	円／月まで 詳細 (　　　　　　　　　　　　　　　　)
集客チャネルの組み合わせ	効果的なチャネルの組み合わせは？
イメージ	どんなイメージで打ち出すか？
キーワード	リスティング広告で重視するキーワードは？
リピート方法	どうやってリピート客を増やすか？

事業の問題点、リスク

　金融機関や補助金審査員は起業家が事業を行う上で起こり得るリスクをどれだけ予見できているか、そのリスクを回避するためにどんな対策を練っているのかを注視します。まずは起こり得る最悪の事態を想定して書き出してみます。そしてその事態が起こったときに、具体的にどのように対処するか、検討を重ね記載していきます。何があっても存続できる体制というのは何があっても借入金を返済できる体制であると見ることができます。

想定できるリスク

	例	対処法	相談先
法的リスク	許認可、知らぬ間に法を犯す、契約トラブル、損害賠償	コンプライアンスの徹底、事前に専門家に確認する	弁護士、行政書士
事故災害リスク	労災事故、自動車事故	危険予知と対策、保険に加入する	損害保険会社、社会保険労務士
規模的リスク	目が行き届かない	急激に拡大しない、遠隔地に支店を出さない	税理士、中小企業診断士、コンサルタント
金銭的リスク	売上不足、売掛金回収、税金、支払ができない、返済できない	取引先選びを慎重に行う、専門家の助言を受ける、借りられるうちに融資を借りておく	税理士、中小企業診断士、コンサルタント
雇用のリスク	給料、責任、労務トラブル	最初は雇わない、十分に話し合う、専門家に相談しておく	社会保険労務士、弁護士
健康リスク	病気で就業できない	健康診断を受ける、節制する	病院、クリニック、歯科

競合分析

競合分析は客観的な視点で見ることが最重要です。今後ライバルとなる競合他社の調査を行います。具体的には、サンプルとなる商品の購入、サービスの体験、Webサイトでの情報収集、現地の視察などを行います。

たとえば飲食店を開業する場合、曜日や時間帯を変えながら、競合店に何回か足を運んでみます。メニューの種類、料理のクオリティ、内装、客席、席の配置、スタッフ数、サービスの内容、客層、客の入り具合などを調査します。情報を集めたら、比較表に落とし込んで分析します。分析表を作る目的は、市場において自社で優位に立てる要素を具体的に見つけることです。優位に立てる強みがあれば、競争に勝ち生き残ることができます。

意識すべき部分は他社との差別化です。他社との違いがある部分は詳しく記入しアピールします。

大切な点は他社との差別化と付加価値の2点です。提供予定の商品やサービスが他社のものと差別化されているか書きましょう。また、街中にあふれている一般的なビジネスにしないためには、商品やサービスに付加価値を付けることが重要です。他社と大差がない商品やサービスは価格競争で勝負することになってしまいます。

	当店	あじへい	ゴン太郎
ターゲット客層 **ターゲットの違いをアピールする**	周辺に勤務するビジネスマン、買い物客、長野県出身者、健康志向な方々	10～50代の地元住民、学生、ビジネスマン	40～60代男性、ビジネスマン
ニーズ **何を与えることができるのかも大切**	本場の信州手打ちそばを食べたい、信州産の旬の食材を食べたい	丼物とそばをがっつり食べたい	そばを食べたい、酒を飲みたい
商品・サービスの質	そばの風味、のどごしは地元の人をもうならせる 信州産の食材を用いた商品の提供を行う	天丼、カツ丼、親子丼、そばを提供 値段のわりにボリュームがある点が特徴 **競合他社のいい点を把握することも大切**	天ぷら、卵焼き、串焼き、そば 居酒屋メインの飲食店

技術	無農薬の信州産自家製そばの実の挽き方にもこだわっている熟年の手打ちの技で気候に合わせ水の量を調整している	運営効率がよく、プロモーションが優れている	メニューの開発力
価格	手打ちそば1,000円、生粉打ちそば1,500円、季節の天ぷらそば1,200円 〈各種コース〉 梅コース1,500円、竹コース2,300円、松コース3,000円 ドリンクは生ビール480円、長野県産清酒一合700円ほか	天丼480円 カツ丼550円 親子丼450円 ＋200円でそばを付けられる ビール420円 サワー390円	つまみ400～1,000円程度 天ぷら550円 卵焼き400円 そば880円 ビール500円 日本酒600円
ブランド	本場の信州手打ちそば、落ち着いたそばのコンセプト	都内で10店舗を展開するチェーン店 主要駅の商業施設に出店している	創業20年になる地域密着型店、常連客が多い
	新規参入は知名度が低い。他の部分での差別化に努める		
販売方法	イートイン	イートイン テイクアウト	イートイン
プロモーション	ぐるなびや食べログなどWebポータルサイトでの集客 ランチのチラシ配布 駅前や店舗でのチラシ配布	フリーペーパー ぐるなび 食べログ Webポータルサイト	常連客の口コミ
		競合の強い部分は特に意識して対策	
強み、弱み	強み： こだわり抜いた手打ち信州そばが提供できる 弱み： 知名度がない	強み： 画一的なチェーンオペレーション、広告宣伝 弱み： 一般的なそばの提供、接客が事務的	強み： 地元での知名度が高い、固定客が多い 弱み： そばは家でも食べられるレベル
資本金、規模	資本金300万円	資本金6,000万円	資本金200万円
売上、数量など	月商280万円見込み	月商600万円程度と推測	月商300万円程度と推測
重要成功要因	信州産にこだわったそば粉と熟練の技で成す手打ちそばの技術挽き方にもこだわったそばの提供	画一的なチェーンオペレーション、メディア戦略	地元で20年営業しており、常連の固定客が多い

人員計画はどうするか？

　この先どんな規模で事業を展開していくことを想定していますか？　資金面、経営方針の2つのアプローチ方法があります。たとえば、整体サロンの開業をするとします。

（1）自分ひとりが生活していけるだけの売上を確保したい。施術は1人で行い、せいぜいアルバイトを1人雇用する程度で考えている。プライベートの時間とのバランスを取りながら事業を展開し、売上増加に向けて積極的な事業展開は考えていない。

（2）従業員を増やし、会社を大きくしていきたい。お客様も従業員も幸せになれるような経営をしていきたい。

　事業を展開する上で、何を目指すかによって異なります。どちらも正解です。ただし、創業融資や補助金の審査のために提出する事業計画書では、人員計画は重視される項目です。それは国民の税金を投入した上で行われる公的支援であるからです。起業家が新しい事業を作り出したときに得られる社会的なメリットのひとつに雇用創出効果があります。雇用が創出できるならば、税金を投入する公的支援として更に意義深いものとなるからです。今後の経営方針を明らかにする上で、人員計画については大変重要な記載事項になります。アルバイトは何人採用するのか、従業員を積極的に採用して事業を拡大していくのか、どの時点で何人採用するのか等具体的に記載しましょう。

■人員計画

人員体制、募集時期、雇用形態、待遇条件	店長候補　　　社員2名採用 アルバイト　　4名採用 募集時期　　　6月中旬〜8月下旬 社員月収　　　20万円 アルバイト時給　900円
募集方法	ハローワーク 求人折込掲載

協力者・支援者

　経営をするには、自分が経験してきた以上に幅広い知識や技能が要求されます。たとえば、大企業の社長であっても、経理の経験がない、営業の経験がないといったことはありえます。つまりひとりの力には限界があるのです。

　すべてのことをひとりでやろうとせずに、自分が得意なことに集中し、自分が不得意なことは、それが得意な誰かに任せる方が合理的で、ビジネスを加速させることが可能となります。起業家自身の経験やノウハウはもちろん重要視されますが、周りの協力者をガッチリ固めているかも審査のひとつです。各分野の優秀な人材に支えられているのであれば、金融機関としては安心して融資をすることができるのです。またそのような人たちに応援されるということは、人物的にも信用できる人物だと想像できます。今回の起業に協力者がいるのであれば、具体的に書いてアピールしましょう。

■協力者リスト

出資者	辻　太郎
借入先	日本政策金融公庫
顧客開拓協力	お客様口コミ　　A社常連客
仕入先開拓協力	A社代表　　a氏
技術・ノウハウ提供	A社代表　　a氏
税理士顧問	辻・本郷税理士法人　　税理士　辻　太郎氏
社労士顧問	社会保険労務士法人　社会保険労務士　社労次郎氏
コンサルタント	辻・本郷ビジネスコンサルティング(株)　若狭清史氏

アクションプランを立てよう

　ここまでで事業の構想は固まりつつあります。構想を具体的な計画に落とし込んで詳細をつめて行きます。

スケジュールを立てる

　会社設立から1年間の事業スケジュールの表を書きましょう。月ごとに発生する予定のイベントを書き出すことで1年間の行動予定がひと目でわかるようになります。

■年間スケジュール

		3月	4月	5月	6月	7月	8月	9月	10月	11月	12月	1月	2月
事業	仕入先挨拶					→→							
	物件賃貸				申込		契約						
	内装工事						→→						
	オープン								20日	→→→			
プロモーション	挨拶状送付				→→→→			10/1〜10/20 オープン告知					
	チラシ作成						→→						
	Web告知							→→					
	チラシ配布								→→→→→→→→				
許可・人事	飲食業許可							→→					
	採用活動							→→					
	従業員研修							→→					
財務	借入申込				●								
	融資実行							●					
	工事代支払								●				
	店舗賃料支払						→→→→→→→						
	人件費支払									→→→→			
	仕入代支払									→→→→			
	カード分入金									→→→→			

プロモーションを行う

　起業したばかりのビジネスは世間にほとんど知られていません。しかし大企業のようにテレビＣＭを流したり、新聞広告を出稿するといった大量の物量によって知名度を上げることは、予算的に難しいです。

　お金をかけずに複数の方法を組み合わせて、少しずつ知名度を上げていくのがコツです。毎月の予算を決めその中で、最も成果が上げられる方法を練るのです。さらに、無料、コストが低いＰＲ方法も検討していきます。

　プロモーション活動を実際にスケジュール化する際は、どの時期に、どの媒体でＰＲ展開していくのかも作戦を立てて実行に移します。

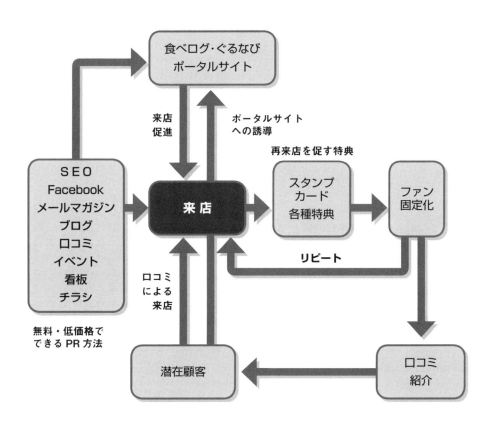

第6章 事業計画書はどうやって作るの？

許認可を取得する

　許認可が必要な業種では準備を進める順序が重要となるので、起業準備の前後関係やスケジュールについては専門家に確認しておくのがいいでしょう。

　たとえば、宅建業免許を取得し、不動産業を始めるとします。まず、本店所在地を決めなければ会社設立の手続きを進めることができません。店舗の物件が決まらなければ会社の設立ができないケースがほとんどです。会社設立が済み、履歴事項全部証明書ができれば、税務署等への届出、創業融資の申込が可能となります。宅建業免許の申請では店舗の内装工事が終わり、机などが搬入された状態で店舗の写真を撮って申請に使用する必要があります。一方、内装工事を始めるための資金を創業融資で賄う場合、宅建業免許が下りてからという条件を付けられることがあります。業種によっては物件探し、設立届け、許認可申請などのタイミングが複雑に絡むので、起業支援の専門家に相談するのがいいでしょう。

業種	役所	日数	注意点
飲食業	保健所	査定後10日位	保健所への事前相談は必須・店舗完成10日位前には申請、店舗完成後立会検査
不動産業	都道府県宅地建物取引業免許事務担当課	40～60日	業務開始には1,000万円の供託または信用保証協会への60万円の負担金の納付
人材紹介業	都道府県労働局	申請3ヶ月後の1日付	財産要件・純資産500万円以上かつ現金・預金150万円以上
人材派遣業	都道府県労働局	申請3ヶ月後の1日付	財産要件・純資産2,000万円以上かつ現金・預金1,500万円以上
美容業	保健所	施設検査後2週間	施設の検査あり
理容業	保健所	施設検査後2週間	施設の検査あり
旅行業	都道府県	30～40日	旅行業務取扱管理者の選任と基準資産額の要件確認
介護事業	都道府県	2ヶ月程度	指定基準をクリアして介護事業者の指定を受ける必要がある。個人事業主は不可
中古品販売	警察署生活安全課	40日	「古物商」許可が必要

人件費

　1年間の人員計画を策定しておき、社会保険料、雇用保険料など広い意味での人件費を把握します。

・社会保険料の適用
正社員……必ず加入
パートタイマー……1日の労働時間、1ヶ月の労働日数が正社員の3／4を超えていれば、加入義務が発生。保険料は会社と従業員の折半です。
　なお、従業員5人未満の個人事業の場合、加入義務はありません。

・雇用保険の適用
正社員……対象
アルバイト、パートタイマー……雇用期間が31日以上で、週20時間以上働く場合に加入義務が発生する。保険料は業種により異なり0.85～8.8％

・労災保険
職種や働き方にかかわらず全員強制加入。会社として加入し、保険料は全額会社負担です。
業種により異なり0.25～8.8％

売上高の目標額

　創業計画書を作るうえで、売上計画ほど予測が難しいものはありません。商品を買うか、買わないかを決める決定権はお客様が握っているため予測が難しいのです。その上、参考にできる過去の実績もありません。だからといって希望的観測で売上計画の数字を決めてはダメです。

売上の計算の仕方
　売上は商品やサービスの単価に販売数（顧客人数）を掛けて計算するの

が基本です。

$$売上金額 \ = \ 商品・サービス単価 \ \times \ 販売数$$

　商品ごとに行うのが原則です。取扱商品が多い場合は、商品をグループ分けし、グループごとの平均単価を計算したり、上位3位の商品群の計算をしてほかのグループにも当てはめる等、会社の業態にあった方法で選んでください。

販売数の予測の立て方

まず会社とお客様の関係性を分類して考えます。

①足で稼いで、お客様を獲得する(狩猟型)
②ひたすらお客様が来るような仕掛けをして待つ(漁業型)
③お客様を育てる(農業型)
④複合型

①狩猟型……建設業や製造業の下請けが当てはまります。創業計画の段階から買ってくれそうな相手にヒアリングを行い、サンプルやカタログ等を持参してアピールしましょう。注文の可能性が高い取引先順に3社程度リストアップし見込み客リストを作成し創業計画書に書き込みましょう。

②漁業型……小売店や飲食店のように不特定多数の一般消費者をターゲットにしているパターンです。Webで集客したり、通信販売やインターネット販売をする場合は消費者一人ひとりの見込み客リストを作ることもできません。そこで以下の2つの方法で販売数を予想していきます。

(A)　商圏内人口　×　ひと月あたりの来店頻度　×　目標入店率

商圏内人口の予測方法は、実際に現地に足を運び人の流れを調査したり、出店を予定している商業施設の関係者に問い合わせるのが一番です。

(B) | 席数　×　客席稼働率　×　1日の目標回転数　×　営業日 |

客席稼働率は店の種類にもよりますが、60％から80％で計算するのが一般的です。例えば4人席テーブルがあったとして、すべてのテーブルが満席になったとしても、常に4人組のお客様が来店するわけではないからです。すべてのテーブル席が満席になったとしても、空いている席は2割から4割はあると想定します。1日の目標回転数は、1時間あたりの予測回転率にお店のオープン時間をかけて計算します。

収支計画は、固めに予測し最悪の場合でもその事業を継続できる値を算出します。売上を予測するときは、安全率（固めに予測するための歩留まり）として、さらに2割から6割少ない数値で見積もります。

(例) 表1

	座席	目標来店者数
個室（8人用）1室	8席	6名
個室（4人用）5室	20席	11名
テーブル席（4人用）3席	12席	7名
カウンター席（1名用）6席	6席	4名
合計	46席	28名

1年目売上目標

目標回転数: 0.5（予測回転率）×3（開店時間）×0.4（安全率）

	客単価	目標来店者数	目標回転数	営業日	月商
ランチ平日	1,000	28	0.6	20	336,000
ランチ休日	1,800	28	1.0	5	252,000
ディナー平日	2,000	28	1.2	20	1,344,000
ディナー休日	3,000	28	1.5	5	630,000
月合計					2,562,000
年間合計					30,744,000

第6章 事業計画書はどうやって作るの？

2年目以降の売上目標

	客単価	目標来店者数	目標回転数	営業日	月商
ランチ平日	1,000	28	0.8	20	448,000
ランチ休日	1,800	28	2.0	5	504,000
ディナー平日	2,000	28	1.5	20	1,680,000
ディナー休日	3,000	28	2.0	5	840,000
月合計					3,472,000
年間合計					41,664,000

③**農業型**……セミナー受講者の中からカウンセリングのお客様を獲得したり、メルマガなどで会員を募り、その中からコンサルティングのお客様を獲得するようなパターンです。

この場合はいったん顧客になると固定客になる確率が高いので、中長期的に見ると安定的な売上が見込めます。

（会員数や無料読者数などの）
潜在的顧客数　　　　×　　　　実際に顧客になる割合

算出数字の背景に根拠を示す

　算出した数字に根拠を持たせることができれば、説得力が上がります。事業計画書のデータを効果的に使い、説得力のある説明をすれば、融資可決までのハードルは大幅に低くなります。

　それには根拠を明確に示して説得力を上げることが重要です。可能であれば、顧客からの注文書や基本契約書のコピーを添付しましょう。それが無理であれば、案件リストや見込先リスト、営業先リストを作成します。案件や営業先ごとに、具体的に営業先の部署や担当者、受注確度などを記載すれば、説得力は増します。

　飲食店のように注文書などの作成が困難な業種の場合は、過去の経験を用いて説得力を上げます。例えば、「前職で店長をしていた時代に○○店

をオープンさせた経験から、当初1ヶ月目、2ヶ月目、3ヶ月目には〇〇円程度の数字が可能なことが想定できます」というようなデータを作成します。その分野において、融資担当者よりもあなたのほうがプロなのですから、自信を持って訴えましょう。

根拠を示す

注文書・契約書	既に受注契約を結んでいる場合は、その書類のコピーを添付する
案件リスト	具体的に案件として見えている場合は、客先、案件名、金額、担当者等をリストにする
営業先リスト	ターゲットとしてあたっていく先をリスト化する
過去の経験	経験を踏まえた数値データを作成する。経験上、その数値が妥当であることをアピールする
類似品からの推測	今までにない商品の場合、他の類似品のデータをもとに推測した資料を作成する
ＳＥＯのデータ	Web集客の場合、重視する検索キーワードの検索数データなどを調査する

持続可能な事業であることを表そう

　材料を安定的に確保できなかったり、販売ルートが確立されていなければ、どんなに社会から求められる商品を開発しても、継続的に商品・サービスを提供することができません。そういったことから、創業計画書で仕入先と外注先を具体的に記載することで、継続的に売れる仕組みが構築できていることを表すのです。

仕入先・外注先には何を書くのか？
・仕入先には商品や材料を誰から仕入れるのか。
・外注先には制作を誰に依頼するのか。
　支払条件まで書くのは、仕入ルートが確保できていることを示すと同時に金融機関に対して、どの程度運転資金が必要になるのかを示す目安にもなるからです。

	取引先名(所在地)	シェア	掛取引の割合	回収・支払の条件
仕入先	○○肉店	10%	100%	末日〆翌15日支払
仕入先	○○八百屋	25%	100%	末日〆翌25日支払
外注先				日〆翌　　日支払
外注先				日〆翌　　日支払

収支計画書の基本

　収支計画とは、１年間にどれくらい収益が出たか、もしくはどれくらい赤字になったかを集計したものです。会社の資産や負債（借金）、資本金などは含めません。

　まず、支払った費用を「売上原価」と「販売管理費」にわけて計算します。

売上原価の計算方法

　売上原価とは商品を仕入れたり、製造したりするときに掛かる費用のことです。つまり売上をあげるため直接掛かるコストのことです。商品の包装代や工場で商品を作る場合は工場で働く従業員の人件費も売上原価となります。

　予測売上原価は次の式で算出します。

> 予測売上原価　＝　商品やサービスの売上原価（単価）×販売予測数

売上原価を３つに細分化します
　① **自分で商品をつくる**
　② **他社から商品を仕入れる**
　③ **サービス業**

①自分で商品をつくる：製造業、建設業

　同じ種類の製品を繰り返したくさん生産する場合と種類や形、規格、品質などの異なる製品を、顧客の注文に応じて個別に生産する場合があります。

同じ製品を生産する場合

　種類ごとに一定量の商品を作る場合の原価を計算し、これを製造数で割って商品1個あたりの原価を算出します。まず製造に掛かる材料費、製造を行っている労務費（従業員の人件費＋外注費）、及び製造に掛かるその他の経費を算出します。

●1個あたりの原価の求め方

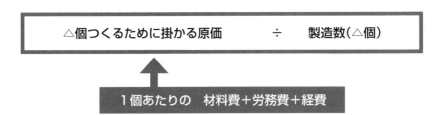

　ここで求めた1個あたりの売上原価に、販売予測数をかけて売上原価を計算することができます。

```
売上原価 ＝ 1個あたりの売上原価 × 販売予測数
```

顧客別に商品を作る場合

　建設業やシステム開発のように、種類や形、規格等の異なる種類の製品を顧客の注文に応じてオーダーメードで生産する場合は、注文ごとに売上原価を個別に予測することができます。まず、各注文ごとにそれぞれに掛かる材料費、労務費（従業員の人件費＋外注費）、その他の経費を予測して、1件ごとの原価を算出します。

$$\text{1件ごとの原価} = \text{1件ごとの材料費} + \text{1件ごとの労務費} + \text{1件ごとの経費}$$

注文が見込まれる売上として、収支計画書に記入した売上に対応するぶんの売上原価を合計し、売上原価を記入します。

$$\text{売上原価} = \text{1件ごとの売上原価の合計}$$

②他社から商品を仕入れる：小売業など

他から仕入れた商品を販売する場合は商品ごと1点あたりの予定仕入価格を算出しますが、スーパーや薬局のように取扱商品の種類が多い場合は、商品を売上高の多そうな順に3種類に分類し、最も多い区分の主力商品の原価率※を算出して、これを会社全体の平均的な標準原価率とします。

※原価率……売上に対する原価の割合のこと。

$$\text{売上原価} = \text{1個あたりの売上原価} \times \text{販売予想数}$$

もしくは

$$\text{売上原価} = \text{予測売上高} \times \text{標準原価率}$$

主力商品の予想原価 ÷ 主力商品の販売予定価格

③サービス業：美容院、塾、経営コンサルタント

仕入の発生しないサービス業に関しては仕入（売上原価）0円として、収支計画書の欄に記載します。

（例）主要商品の原価　表2

	仕入金額	仕入内容	1食あたりの使用量	原価
そば粉	10,000円	22kg	100g	45円
小麦粉	4,000円	25kg	30g	5円
にぼし	5,000円	5kg	20g	20円
かつおぶし	1,700円	1kg	10g	17円
しょうゆ	3,000円	1.8ℓ	100cc	60円
こんぶ	7,000円	1kg	5g	35円
みりん	2,500円	1.8ℓ	3g	2円
砂糖	250円	1kg	8g	2円
ねぎ	150円	1本	1g	1円
合計				187円

　ここで算出した金額から、原価率を算出すると18.7％になります。平均的なそば屋の原価率は20〜25％程度となっています。自家製のそば粉を親族が経営するそば畑から購入しているため、原価率は低くなっていますが他の商品はさらに原価率が低くなる結果が出たので、標準原価率を20％として売上原価を算出することに合理性があると判断しました。

```
原価率 ＝ 仕入（原価） ÷ 売上（価格）
原価　 ＝ 売上高 × 原価率
```

　よって1ヶ月の原価は、
2,562,000（売上高）　×　20％（原価率）＝ 512,400（原価）

販売管理費

商品を売るために必要になる費用のことです。会社を維持・管理するために必要な管理費などもこれにあたります。

①人件費

会社を作る場合は人件費に計上する金額に自分に支払う役員報酬を含めて計算します。人件費として考えておかなければならない経費には、健康保険料、厚生年金の会社負担金、労働保険の会社負担分及び労災保険料などの法定福利費などの福利厚生費などがあります。ちなみに、(社) 日本経済団体連合会の発表では、企業が従業員1人あたりに負担する福利厚生費の平均は1ヶ月あたり、約10万円です。この数字は、日本経済団体連合会に加盟する企業が対象なので、中小企業を含めるともう少し低い金額が予想されます。法定福利費の会社負担分は、毎年のように保険料率の改定があるので、最新の利率で算出しましょう。

■H28年度　東京都

	社会保険	厚生年金	介護保険	雇用保険	労災保険	合計
会社負担	4.98%	8.914%	0.79%	0.7%	0.3%	15.684%

(例) 人件費　表3　　　　　　　　　　　　　　　　　単位：千円

常勤	代表取締役	400
	調理担当(妻)	200
パート	調理スタッフ(ランチ)	50
	調理スタッフ(ディナー)	80
	ホールスタッフ(ランチ)	50
	ホールスタッフ(ランチ)	50
	ホールスタッフ(ディナー)	80
	ホールスタッフ(ディナー)	80
1ヶ月の給料小計		990
その他	通勤費	80
	社会保険料※	168
	福利厚生費	10

②支払利息

まずは借入金額を検討します。そして、毎月の返済可能額から借入期間を検討します。希望通り融資の実行を受けられるかは未定ですが、ここでは借入希望額をもとに利息額を検討します。

> 支払利息　＝　借入金額　×　2.5%　÷　12ヶ月

③その他

いざ事業をスタートすると、想定外の出費が発生することはよくあります。あらかじめ想定される経費をチェックし資金の準備をしておくことが大切です。経費を洗い出す際に３つの項目に分けて予測を立てると漏れが防げます。

投　　資……売上増加のための費用
　　　　　　広告宣伝費、試供品費、販売促進費など

付随コスト……商品・サービスの販売に付随して掛かるコスト
　　　　　　運送費、包装代、代理店手数料、カード手数料など

維　持　費……会社の運営に掛かる費用
　　　　　　通信費、水道光熱費、組合費、修繕費など

第6章 事業計画書はどうやって作るの？

（例）ひと月あたりのその他経費　　　　　　　　　　　表4

投資	飲食系の雑誌	30,000
	食べログ	20,000
	地元紹介サイト	20,000
	リスティング広告費	30,000
付随コスト	カード決済手数料　6% カードは売上全体の40％と想定	83,000
維持費	電気	10,000
	水道	70,000
	ガス	50,000
	電話使用料	20,000
	インターネット使用料	5,000
	リース料	40,000
	消耗品費	30,000
	税金	50,000
	税理士顧問料	30,000
	クリーニング代	20,000
	減価償却費	12,000
合計		520,000

■事業の見通し（月平均）

		創業当初	軌道に乗った後	算出した根拠
売上高 i		2,562,000	3,472,000	i 売上高　表1参照
売上原価 ii		512,400	694,400	ii 2,562,000×20％＝512,400　表2参照
経費	人件費	1,248,000	1,342,000	iii 人件費　代表者1、調理担当1、 　　　　パート6　表3参照
	家賃	100,000	100,000	支払利息 850万円×年2.5％÷12≒2万円 その他　表4参照
	支払利息	20,000	20,000	
	その他	520,000	968,000	〈軌道に乗った後〉 売上高、売上原価　創業時の約1.3倍 人件費　パート2人増加 その他諸経費　30万円 減価償却費※　1.2万円
	合計 iii	1,888,000	2,430,000	
利益 i − ii − iii		161,600	347,600	

※減価償却費……設備を購入した際に一度に費用にせず耐用年数※で分割して計上していく費用のこと。
※耐用年数……機械設備や建物・船舶などの固定資産が使用できる期間として法的に定められた年数。国税庁のWebサイトに表があります。
https://www.keisan.nta.go.jp/survey/publish/34255/faq/34311/faq_34353.php

減価償却について詳しく説明すると……

　例えば、創業1年目に100万円の業務用の冷蔵庫を購入したとします。耐用年数は機械及び装置：飲食店業用設備に当てはまるので8年です。このとき1年目に100万円を支払ったので1年目に取得にかかった費用100万円を計上すると、2年目から8年目までは費用は0円で売上だけが計上されることになります。それでは正確な収益を計算することができません。そこで、費用収益対応の原則という、収益を得るために利用した期間に応じて費用計上することが、企業会計にとって望ましいものと考える原則を実現するために減価償却の方法をとります。

減価償却のイメージ

	減価償却費
1年目	125,000円
2年目	125,000円
3年目	125,000円
4年目	125,000円
5年目	125,000円
6年目	125,000円
7年目	125,000円
8年目	125,000円

第7章
起業したら考えておきたい
お金のこと

- おかねを分ける
- かせげる
- きろくをつける
- 事業計画書サンプル

第7章 起業したら考えておきたいお金のこと

　起業を成功させるにはここからが本番です。自己資金と借入金をもとに自分の事業をスタートさせたら、借入金を返済しながら、手元の資金を増やしつつ企業理念を実現していく、これが企業のビジネスの醍醐味です。まずは、借りたお金をきちんと返して行かなくてはなりません。なぜなら事業成功への階段は、この方法が自己資金に乏しく、信用力も乏しく、人材もない小さな起業家にとって最も現実的でリスクが少ない方法なのです。

　ビジネスを成功に導くには、恒常的に利益の出る黒字体質の会社を作り上げることが必要になります。

黒字企業と赤字企業の違いとは？

　黒字会社の社長は、売上以上の経費を使わないので利益が出るのです。

黒字会社の発想	売上 － 経費 ＝ 利益

赤字会社の発想	利益 ＋ 経費 ＝ 売上

　上記の計算式は一見同じように見えますが、赤字会社の発想は会社目線で考えているのです。例えば、広告費を○○円かけた、営業マンを何人雇った、立地条件のいい場所に店舗を借りた。だから、○○円の売上となるはずだと考えてしまうのです。費用をかけたからといって、期待通りの売上高が確保できる保証はありません。売上の決定権、いくらお金がかかってようがなかろうが、商品・サービスを購入するかしないかはお客様次第ということを頭においておきましょう。これが起業の難しさです。

　サラリーマン時代は、働いた労働時間に対する報酬として、給料という収入を得ていました。業績が収益に結びついていないからといって、収入がゼロになったりマイナスになることはありませんでした。会社に雇われている身分ですので、毎月必ず収入はあったはずです。しかし、自分で起業すればそういうわけにはいきません。黒字企業の社長が行っている「お・か・き」の原則があります。

おかきの原則

おかねを分ける……プライベート用と事業のお金の区別を徹底する
かせげる……社長自ら稼ぐ会社を作る
きろくをつける

お かねを分ける

　起業を成功に導くにはお金を「事業用」と「プライベート用」に分けて管理しなければなりません。個人事業主として起業した場合、完全にお金を区別するのは難しいですが、預金に余裕がありちょうどお買い得価格だからと言って、うっかり新しい洗濯機を買ったあとで、仕入先からの多額の請求書が回ってきて大慌てする事態が起きてしまいます。来月の支払がいくらになるのか把握していないような状態をどんぶり勘定といいます。毎月支払日前になって、慌てて資金調達に走っているようでは儲けるための経営戦略を練ることはできないでしょう。事業用のお金とプライベート用のお金を管理するには以下の方法を取ることを提案します。

①銀行口座を3つ持つ　②お財布を2つ持つ　③カードを2枚持つ

①銀行口座を3つもつ理由

・**口座A**……プライベート用
　自分の生活用口座として利用する。
・**口座B**……入金用
　口座に入金する際に、通帳の余白に売上先の名前や売り上げた日にちを書いておけば、預金通帳が売上帳になります。
・**口座C**……支払用
　家賃、駐車場代、リース代、サーバー使用量、電気代、ガス代、水道代、各種税金など口座引き落としの手続きを行います。通帳を記帳するだけ

で、会社の経費の合計がわかれば帳簿も簡単に付けられます。

　プライベート用の口座と事業用の口座を分けるのはもちろん、事業用の口座を口座Ｂと口座Ｃに分けることで、通帳を帳簿代わりに利用するのです。

　自宅兼事務所で仕事をしていて、家賃や水道光熱費は個人と会社が共有で使っているという場合もあるでしょう。その場合は、それぞれの契約を会社名義に変更し、会社の支払用口座からいったん落ちるように手続きをします。会社の経費として処理したあとで、支払額のうち５～６割等個人の利用分を役員報酬から天引きして返金すればいいでしょう。会社の固定費の一元管理ができることと、将来の税務調査で否認されにくいというメリットがあります。

　さらに毎月日にちを決めて、入金口座から支払口座に必要資金を送金することで、資金繰りのお金の動きも口座に残ります。入金額よりも支払額が多ければ、当たり前ですが資金は不足してしまいます。売上と支出の現実を知ることでコスト意識を高めることもできます。

②お財布を２つ持つ理由

「個人の財布」と「会社の財布」の２つを持つのです。銀行口座を別々に持つように財布も分けて管理します。現金は証拠が残らないので公私混同をしやすいので、領収書を保管し、端数の細かい金額まで正確に管理しましょう。

現金支払の際のルール

・会社用の財布から支払を行い、領収書も必ずもらい会社の財布に保管する。
・領収書がたまったら、エクセル等で詳細を入力しておく。
・合計金額を会社の預金通帳から引き出す。

③カードを２枚持つ理由

　クレジットカードについても「プライベート用」と「会社用」の２つを

持ちます。法人カードを使うとカード会社が明細票を毎月発行してくれるので、明細票の余白に何を購入したのかメモしておけば、カード明細表が経費帳として利用できます。

■か せげる

　先ほども説明したように、「売上－経費＝利益」の考え方をもとに経費のコントロールに取り組むのです。

　サラリーマン時代とは違い何時間働こうが、いくら経費をかけようが、お客様が買ってくれる保証はありません。売上の確約を取ることはできないからこそ、自分で管理できることに注目して黒字会社を目指すのです。

　自分で管理できること、それは経費です。何にいくら使うか、使わないかはあなたに100％決定権があります。だからこそ、黒字企業の発想が重要になるのです。創業計画書を作成する中で、見込み客を想定し、いくらの売上になるかを予測しました。その計画書に沿って経費は予測の範囲内に抑えなければなりません。もちろん予測ですので、見込みと大幅にずれることもあります。だからこそ、細かくよく考えて創業計画書を作成しなければならないのです。

　黒字企業の社長は、顧客の目線で客観的に自社を見つめ、経費の管理を行っているのです。これはおかきの原則の「お」と「き」の部分にあたります。

■き ろくをつける

　お金で困る会社にならないためには、お金の流れを把握することが必要不可欠です。そのためには、お金の記録をつけることが重要となります。

　正確に現在の資金状況を把握していないと、会社の経営判断を誤ったり、資金手当てが支払日の直前になり、資金繰りに追われる会社になってしまいます。

・**会計ソフトを活用する**

　会計ソフトを使えば簡単に帳簿を作成できます。領収書や通帳等のデータを入力して決算書を作成するという帳簿作成が行えます。会計ソフトを選ぶ基準は、ITの知識及び簿記の知識があるかどうか、会計事務所に顧問依頼をする場合は会計事務所とやり取りができるかが重要です。会計ソフトは値段が高いからと言って操作性がよいとは限りません。機能性や拡張性の違いが値段に反映されているため、会計ソフトを税金計算のみに利用するか、それともより詳しいデータで経営分析に利用するかによって、選ぶ会計ソフトの機能が異なります。

　ほとんどのソフト会社が、期間限定でインターネットから無料版をダウンロードすることができます。実際に体験して選ぶのがいいでしょう。

事業計画書　癒し屋

会社概要

会社名	癒し屋　長野　みほ		
事業形態	個人事業主	屋号	癒し屋
住所	自宅　長野県長野市三輪〇―〇―〇 事務所　長野県長野市栗田〇―〇		
開業年月	平成28年4月1日	電話番号	〇〇〇（〇〇〇）〇〇〇〇
資本金	3,000,000円	従業員	1人

事業内容に関して

業種：
事業内容、コンセプト
20代後半～40代の女性向けに、マッサージやソフト整体によって、疲れた体と心を癒せるようなサービスを提供します。整体と共に足ツボ療法や耳つぼ療法、骨盤矯正、O脚矯正、アロマテラピーなどお客様のニーズに応じて施術し、その人の体の状態に合った施術を行うことで、体の不調を改善します。
起業の動機
大学卒業後3年間建設事務所に勤務していました。建設事務所で働きながら、もともと興味があった整体の専門学校「〇〇学院」に土日に通い、整体の勉強をするなかで、人を癒す仕事に携わりたいという思いが強くなりました。私自身も会社員時代に、仕事によるストレスから、体調を崩すこともありました。そんな中で、〇〇学院で整体の勉強を始めてから、体の不調がとても改善されていることに気がつきました。体の調子が整うとともに、心も前向きになることができ、整体による大きな効果を自分自身で実感しました。 会社員時代の私のように疲れた女性を、整体によって元気づけたいという思いから開業を決心しました。
事業の目的、将来の展望
ひとりでも多くのお客様の心と体を軽くしたいと考えています。会社員生活の中で、仕事に追われ余裕がなく、ストレスを溜めて体の不調を訴える方々がとても多いことに気がつきました。そのような働く女性に、落ちついた空間で確かな技術による整体を施術することで、日ごろの疲れを癒すお手伝いをすることを目的としています。ひとりでも多くの疲れた女性を笑顔に変えていきたいと考えています。
創業する事業の経験
・〇〇学院で3年間整体の勉強をしながら、「足つぼ」、「全身整体」の資格を習得しました。

第7章 起業したら考えておきたいお金のこと

・建設事務所退職後、学院で紹介いただいた○○整体院にて5年間勤務しました。平成○○年からは△△店舗の店長を任され、マネジメントや従業員育成についても学びました。

サービスの特徴

市場環境
長野市はJRと長野電鉄が乗り入れする長野県内で有数の繁華街です。周辺にはオフィス街、東急やMIDORIといった商業施設も多く、開業地周辺は再開発によって道が広がり、マンションも増えてきています。曜日や昼夜を問わずビジネスマンやOLや主婦等、日ごろ忙しく働き、ストレスで体に不調を抱えている方々が多くいると考えられます。駅周辺には2店の整体院がありますが、高齢の院長が古くから開業しているA整体院と、最近多い格安でマッサージを行うクイックマッサージB店があります。 Aは高齢の院長のため顧客は地元の高齢者が多く利用しており、仕切りや店内の雰囲気も大衆向けで若い女性は行きにくい雰囲気でした。B店においては、女性の来店も多いようでしたが、施術を行うスタッフはアルバイトのようで、決められた時間決められたとおりにマッサージを行うという施術で、顧客の悩みに応じた施術はしないお店でした。現地調査の結果、女性向けに本格的に施術を行う整体院はありませんでした。

ターゲット客層
体の不調やストレスをかかえる女性

他社との違い
○○整体院で幅広いお客様の体を施術した経験から、その人の体を触ると原因がどこにあるのか瞬時に判断することができます。例えば、腰が痛い人がいたとして普通なら腰を中心にマッサージすると思いますが、腰をほぐす事で数日間は腰の痛みは消えるでしょう。しかし、これは根本的な解決ではなく、痛みの原因を取り除かなければ腰痛は治りません。痛みの原因は足の歪みで、歩くたびにその衝撃をカバーするために腰に負担がかかって腰痛になる人もいますし、内臓器官に不調があって腰の神経を刺激して腰痛となっている人もいます。痛みの原因をさぐり、根本から取り除く施術を行えることが、他社との違いです。 また、癒しの空間を演出することで、忙しい日々からのつかの間の癒しの時間を過ごせるように店内の雰囲気にもこだわりを持っています。さらに施術後にハーブティーの提供を行いくつろげる雰囲気を提供する予定です。 女性専門にすることで、女性が安心して、心と体を休められるような癒しの空間を提供できることが当店の特徴です。

サービス内容
○全身整体（60分）　6,000円 　ツボ刺激と経絡調整により全身の不調を改善するコースです。全身の不調を取り除きます。 ○足ツボ（40分）　　3,000円

足の裏から太ももまで施術を行います。足の裏にあるツボを刺激することで体調改善を促します。

○お疲れコース(60分)6,500円

　整体(40分)＋足ツボ(20分)

○お気軽コース(40分)4,000円

　整体(20分)＋足ツボ(20分)

○骨盤矯正(20分)3,000円

　骨盤の歪みを矯正することで、ウエストのくびれ、小尻に効果があります。

○耳ツボ　1個　　500円

　耳のツボをストーンで刺激することで体調改善を促します。

販売方法
①店頭でのチラシ配布 サービス券をつけたチラシを配布します。(全身整体60分6,000円→初回のみ50％OFF等) ②フリーペーパー掲載 毎月発行される主婦向けのフリーペーパーにサービス券として広告を掲載します。(全身整体60分6,000円→初回のみ50％OFF) ③SNS利用 ブログを書き情報を発信します。ブログをみて来店いただいた方にも特典をつけ集客を図ります。 ポイントカード 次回の来店を促すためポイントカードを発行し、リピーターの獲得を図ります。カードがポイントで一杯になると足ツボ30分無料券として引き換えます。 誕生日特典 誕生日月の1ヶ月前に対象顧客にはがきを送り、誕生日月の来店を促します。誕生日特典として、粗品をプレゼントします。 お客様紹介特典 紹介カードを渡し、ご紹介いただいた方にお持ちいただくようにします。紹介者、新規のお客様どちらにも、2箇所に耳ツボ施術をプレゼントします。
販売回収条件
現金
営業時間
AM10:30〜PM9:00　定休日　毎週火曜日

第7章 起業したら考えておきたいお金のこと

競合他社との比較

	当店	A整体院	クイックマッサージB店
ターゲット顧客	20代後半〜40代女性	40代以降の周辺住民	低価格を求める駅利用客
ニーズ	慢性疾患やストレスに悩まされており、痛みの原因を取り除きたい	肩こり、腰痛などの慢性疾患を治したい	足や、肩の疲れを治したい
サービスの質	根本改善、個人に合うオーダーメード	電気治療、マッサージ	クイックマッサージ
技術	整体、マッサージ、耳ツボ、骨盤矯正	保険治療、労災対応	マッサージ、リフレクソロジー
価格	1時間6,000円	保険治療にて1,000円	1時間2,980円
プロモーション	Web、チラシ配布、紹介、フリーペーパー掲載	看板	Web、ポスティング
強み、弱み	顧客にあった施術を行うため、不調箇所の原因を解消させる施術ができる。女性向けの店舗として、おちついた雰囲気を提供できる。スタッフが少なく、認知度が低い。	医院長が柔道整復師の資格を持つ。施術レベルは高い。店舗の仕切りが甘く、施術姿が見える。汚い。	大型店のチェーンとしてブランドがある。店内は清潔感がある。アルバイトのスタッフによる施術のため、技術の能力が人によって違う。
資本金、規模	個人事業	個人事業	県内に数十店舗経営
売上、数量	100人 月45万円	100人 月80万前後(推定)	300人 月200万前後(推定)
成功要因	顧客のニーズに合わせた施術の提供が可能なこと。顧客満足度の高さ。	技術力の高さ	低価格対応 店舗立地条件の良さ

人員計画

人員体制
開業時 ： 1人(自分)

お客が増加してきたら、1～2名の採用。

スケジュール

		1月	2月	3月	4月	5月	6月	7月	8月	9月	10月	11月	12月
事業	事業開始				→→→→→→→→→→→→→→→→→→→→→→								
	物件賃貸	●申込		●契約									
	内装工事			→									
	オープン				20●								
宣伝活動	チラシ作成			→									
	チラシ配布			→	→	→	→	→	→	→	→	→	→
許可	営業許可		→	→									

協力者

出資者	佐々木 みほ
借入先	日本政策金融公庫
顧客開拓協力	お客様
技術	○○学院卒
税理士顧問	辻・本郷税理士法人　田中　太郎氏
社労士顧問	山田　次郎氏
コンサルタント	辻・本郷ビジネスコンサルティング 若狭　清史氏

第7章 起業したら考えておきたいお金のこと

売上推移目標 単位：人

	3月	4月	5月	6月	7月	8月	9月	10月	11月
顧客数	0	100	100	125	125	125	150	150	150

資金計画と調達方法

創業時の投資計画	金額（千円）	調達方法・内容	金額（千円）
設備資金		自己資金	3,000
礼金	200		
内外装工事費	4,000		
ベッド　2台	100		
設備資金計	4,300	借入金	1,400
運転資金			
タオル	40		
クリーム	10		
その他	50		
運転資金計	100		
合計	4,400	合計	4,400

事業の見通し 単位：千円

	4月	5月	6月	7月	8月	9月	10月	11月	12月
売上高	300	300	375	375	375	450	450	450	450
売上原価	0	0	0	0	0	0	0	0	0
人件費	0	0	0	0	0	0	0	0	0
家賃	100	100	100	100	100	100	100	100	100
支払利息	3	3	3	3	3	3	3	3	3
その他	90	90	90	90	90	90	90	90	90
経費合計	193	193	193	193	193	193	193	193	193
利益	107	107	182	182	182	257	257	257	257

売上高

ベッド　2台

［4月、5月］
　　1日来店者目標　4人　　（午前1人、午後3人）
　　1ヶ月来店目標　100人（4人×25日）
　　メニュー価格最安値3,000にて算出

　　1ヶ月売上高＝100人×3,000円
　　　　　　　　＝300,000円

［6月、7月、8月］　夏のキャンペーン開催……期間中3回のご来店でお疲れコース
　　　　　　　　　　　　　　　　6,500円の50％OFF券との引き換え

　　1日来店者目標　5人　　（午前1人、午後4人）
　　1ヶ月来店者目標125人（5人×25日）
　　1ヶ月売上高＝125×3,000円
　　　　　　　　＝375,000円

［9月以降］
　キャンペーンによる新規顧客からの口コミ、リピーター獲得による来店者数の増加を見込んでいる。
　　1日来店者目標　6人（午前2人、午後4人）
　　1ヶ月来店者目標150人（6人×25日）
　　1ヶ月売上高＝150×3,000円
　　　　　　　　＝450,000円

支払利息
　借入金1,400千円×2.5％÷12≒3,000円

その他
　・水道光熱費　30,000
　・広告宣伝費　20,000
　・通信費　　　10,000
　・雑費　　　　15,000
　・減価償却費　15,000

巻末資料

①補助金申請書

（様式１）

平成２８年度 創業・第二創業促進補助金【創業】

平成２８年 ○月 ○日

創業・第二創業促進補助金事務局
事務局長　小山　俊哉　　殿

住　所：（〒○○○－○○○○）
　　　　東京都新宿区西新宿○－○－○

氏名〈代表者氏名〉：　辻　太郎　　　　　　　印

平成２８年度　創業・第二創業促進補助金
事業計画書『創業』

　平成２８年度創業・第二創業促進補助金の交付を受けたいので、下記のとおり事業計画を提出します。また、５．の誓約が虚偽であり、又はこれに反したことにより、当方が不利益を被ることとなっても、異議は一切申し立てないことを誓約します。

記

1. 事業テーマ名　　　：こだわりの積み重ねでたどり着いたそばの新境地の提供

2. 事業計画の骨子　　：無農薬栽培のそばの実から、お客様の下へ提供するまでとことんこだわった手打ちそばの提供を行う。そばの挽き方、水との調合、そばの打ち方により多種多様のそばが出来上がる。それぞれの素材の旨みを際立たせたそばを提供することで、今までに無い新しいそばの概念を広める。

3. 補助金交付希望額　：　２，０００，０００円
　　　　　　　　　　　（様式２（４）経費明細表(C)の額を記載してください。）

4. 補助事業期間　　　：当該補助事業を行う期間は、以下の通りです。

　　交付決定日以降　～　（事業完了予定日）　平成　２８年１２月３１日
　　　　　　　　　　　（事業完了予定日は、平成28年12月31日迄の日を記載してください。）

5. 誓約
　①私（当社）は反社会的勢力に該当せず、今後においても反社会的勢力との関係を持つ意思がないことを確約します。
　②私（当社）は現在、訴訟による係争はなく事業運営に支障のないことを確約します。
　③私（当社）は現在、法令違反による処罰を受けておらず事業運営に支障のないことを確約します。
　④私（当社）は、補助事業期間中及び補助事業期間終了後も、本事業を実施していく上で法令を順守することを確約します。

6. 都道府県への申請内容の提供に係る同意
　本申請内容を都道府県へ情報提供することに　　☑同意します　　□同意しません
　（※「同意します」にチェックをした場合、創業等に関する支援施策等について都道府県から情報提供される場合がございます。）
　（※「同意しません」にチェックをした場合でも、地域審査会における審査の過程において、申請内容を都道府県へ情報提供する場合がございますのでご留意ください。）

（注）・本様式は1頁以内に収めてください。
　　　・必要添付書類については、募集要項14ページ【提出必要書類】をご確認ください。

※本書では募集要項を掲載しておりません。

平成28年度 創業・第二創業促進補助金【創業】

（様式2）

事業計画書

《 応募時点において、 □創業済み、 ☑創業前 》

※再応募の方は、これまでに応募された募集回にチェックをしてください。
平成24年度補正予算→ □第1回一次締切、□第1回二次締切、□第2回一次締切、□第2回二次締切、□第3回一次締切、□第3回二次締切
平成25年度補正予算→ □先行締切、□最終締切　　平成26年度補正予算→ □締切　平成27年度予算→ □締切

（1）応募者の概要等（項目を確認の上、記載してください。選択項目は、該当するものに☑してください。）

①応募者

氏名（代表者氏名）	ふりがな つじ たろう 辻 太郎	性別	☑男 □女	生年月日（年齢）	□大正、☑昭和、□平成 56年 1月 1日（35歳）
(4/1以降に創業済みの場合) 会社名	株式会社手打ちそば信州		法人番号		
連絡先住所等	〒163-0631 東京都新宿区西新宿〇-〇-〇		本事業創業直前の職業		□1. 会社役員 □2. 個人事業主 ☑3. 会社員 □4. 専業主婦・主夫 □5. パートタイマー・アルバイト □6. 学生 □7. その他（　　　）
	TEL	03-0000-0000			
	FAX	03-0000-0000			
	E-mail	t.tuji@ht-bc.jp			
本事業以外の事業経営経験	☑事業を経営したことがない。 □ 事業を経営したことがあり、現在もその事業を続けている。 　└ 事業形態〔 □個人事業、 □会社、 □企業組合・協業組合、 □特定非営利法人 〕 　　事業内容〔　　　　　　　　　　　　　　　　　　　　　　　　　　　　　　　　　〕 　　　　※応募事業と類似の事業の場合は、差別化している点を「（2）①事業の具体的な内容」に記載してください。 □ 事業を経営していたが、既にその事業をやめている。（やめた時期：□昭和・□平成　　年　　月）				
職歴	□昭・☑平〇年 4月	大学卒業後老舗そば屋信濃に入社			
	□昭・☑平〇年10月	信濃の5号店開店に合わせ店長に就任			
	□昭・☑平28年 5月	株式会社手打ちそば信州を設立し、代表取締役に就任。現在に至る。			
	□昭・□平　 年　 月				

②実施形態

開業・法人設立日（予定日）	平成 28年 5月 1日 （補助事業期間内に開業又は法人設立を行う必要があります。）		
特定非営利活動法人の場合のみ記載	特定非営利活動の種類		□ア)中小企業者と連携して事業を行うもの □イ)中小企業者の支援を行うために中小企業者が主体となって設立するもの □ウ)新たな市場の創出を通じて、中小企業の市場拡大にも資する事業活動を行う者であって、有給職員を雇用するもの
事業実施地（予定地）	〒〇〇〇-〇〇〇〇 東京都中央区銀座〇-〇 □ 認定市区町村である。		□1. 個人事業 　└ 補助事業期間中の法人化も検討している ☑2. 会社設立 　└☑2-1 株式会社 　　□2-2 合名会社 　　□2-3 合資会社 　　□2-4 合同会社 □3. 組合設立 　└□3-1 企業組合 　　□3-2 協業組合 □4. 特定非営利活動法人設立
主たる業種（日本標準産業分類中分類を記載）	中分類名：飲食店		事業形態
	コード（2桁）：76		
資本金又は出資金（会社・組合）	5,000千円 （うち大企業からの出資：　　　千円）		
株主又は出資者数（会社・組合）	1 名 （うち大企業からの出資：　　名）		
役員・従業員数	合計 8名	内訳	① 役員（法人のみ）：1名 （うち大企業の役員又は職員を兼ねている者：　名） ② 従業員：1名 ③ パート・アルバイト：6名
事業に要する許認可・免許等（必要な場合のみ記載）	許認可・免許等名称：飲食業許可 取得見込み時期：平成28年10月		

各項目について記載内容が多い場合は、行数を適宜増やしてください。

1

平成２８年度 創業・第二創業促進補助金【創業】

（２）事業内容（事業全体について、詳しく記載してください。枠に収まらない場合は適宜広げてください。複数ページなっても構いません。）

① 事業の具体的な内容（フランチャイズ契約を締結し、行う事業ですか → □はい ・☑いいえ ）

〇概要
　料亭のような静かな落ち着いた空間の中で、無農薬栽培のそばの実から挽き方にまでこだわったそば粉で打った数種類のそばの提供を行う。顧客は30代後半～60代の周辺に勤務するビジネスマンや買い物客や観光客をターゲットに特別な時に行きたくなるような空間を提供する。

　　　　写真を入れる

〇市場動向
〈創業予定地の状況〉

創業予定地の銀座は東京メトロが乗り入れしし、徒歩圏内のJR有楽町駅はサラリーマンの利用も多く、乗降客数は全国有数の場所である。オフィス街、松屋、三越、プランタン銀座等の大型商業施設が多い。曜日や昼夜を問わず、ビジネスマンやOL、買い物客、旅行客など多くの人で賑わう街である。
創業予定地から半径500メートル以内の平日昼間人口は約7万人で夜はそれ以上の人口が見込める。休日も周辺商業施設への来客が見込め、昼夜を問わず周辺人口は約10万人が見込める。
周辺にはそばを提供する店舗は20店ほどある。うち2店はそば専門店であるが手打ちそばではなく、都内で一般的に提供される立ち食い形式の店舗である。
周辺を歩く会社員30人と買い物客30人にインタビューを行ったが、手打ちそばは知っているが、30～40代の多くは信州そばを食べたことがないと認知度は低かった。しかし、50代以降の買い物客は、以前旅行で信州を訪れた際に、手打ちの信州そばを食べそばの概念が覆されたので、また是非食べたいと熱望された。

〈競合店舗の状況〉

当店と競合店の比較

	当店	あじへい	ゴン太郎
ターゲット客層	周辺に勤務するビジネスマン、買い物客、長野県出身者、健康志向な方々	10～50代の地元住民、学生、ビジネスマン	40～60代男性、ビジネスマン
ニーズ	本場の信州手打ちそばを食べたい、信州産の旬の食材を食べたい	丼物とそばをがっつり食べたい	そばを食べたい、酒を飲みたい
商品・サービスの質	そばの風味、のどごしは地元の人をもうならせる 信州産の食材を用いた商品の提供を行う	天丼、カツ丼、親子丼、そばを提供 値段のわりにボリュームがある点が特徴	天ぷら、卵焼き、串焼き、そば 居酒屋メインの飲食店
技術	無農薬の信州産自家製そばの実の挽き方にもこだわっている 熟練の手打ちの技で気候に合わせ水の量を調整している	運営効率がよく、プロモーションが優れている	メニューの開発力
価格	手打ちそば1,000円、生粉打ちそば1,500円、季節の天ぷらそば1,200円 〈各種コース〉 梅コース1,500円、竹コース2,300円、松コース3,000円	天丼480円 カツ丼550円 親子丼450円 ＋200円でそばを付けられる ビール420円 サワー390円	つまみ400～1,000円程度 天ぷら550円 卵焼き400円 そば880円 ビール500円 日本酒600円

各項目について記載内容が多い場合は、行数を適宜増やしてください。

平成２８年度 創業・第二創業促進補助金【創業】

	ドリンクは生ビール480円、長野県産清酒一合700円ほか		
ブランド	本場の信州手打ちそば、落ち着いたそばのコンセプト	都内で10店舗を展開するチェーン店 主要駅の商業施設に出店している	創業20年になる地域密着型店、常連客が多い
販売方法	イートイン	イートイン テイクアウト	イートイン
プロモーション	ぐるなびや食べログなどWebポータルサイトでの集客 ランチのチラシ配布 駅前や店舗でのチラシ配布	フリーペーパー ぐるなび 食べログ Webポータルサイト	常連客の口コミ
強み、弱み	強み: こだわり抜いた手打ち信州そばが提供できる 弱み: 知名度がない	強み: 画一的なチェーンオペレーション、広告宣伝 弱み: 一般的なそばの提供、接客が事務的	強み: 地元での知名度が高い、固定客が多い 弱み: そばは家でも食べられるレベル
資本金、規模	資本金300万円	資本金6,000万円	資本金200万円
売上、数量など	月商280万円見込み	月商600万円程度と推測	月商300万円程度と推測
重要成功要因	信州産にこだわったそば粉と熟練の技で成す手打ちそばの技術 挽き方にもこだわったそばの提供	画一的なチェーンオペレーション、メディア戦略	地元で20年営業しており、常連の固定客が多い

〇メニュー一覧

手打ちそば1,000円、生粉打ちそば1,500円、季節の天ぷらそば1,200円

各種コース
梅コース1,500円
　(小鉢、手打ちそば、あら挽きそば)
竹コース2,300円
　(小鉢、手打ちそば、かわりそば、そばがき)
松コース3,000円
　(小鉢、生粉打ちそば、かわりそば、あら挽きそば、そばがき、デザート)

手打ちそば…そば粉と小麦粉を合わせて水で打ったもの。
あら挽きそば…そばの実をあらく挽いて小麦粉を加え打ったもの。
かわりそば…そばの実の純白のでんぷんに季節ごとの素材を打ち込んだもの。
生粉打ちそば…そば粉100%をこだわりの地下水だけで打ったもの。

ドリンクは生ビール480円、長野県産清酒一合700円、他県産清酒一号700円
グラスワイン(赤、白)600円〜ほか

〇製品・サービスの独創性

〈手打ちそば〉
無農薬栽培のそばの実を使い、挽き方からこだわってそばを作っている。

各項目について記載内容が多い場合は、行数を適宜増やしてください。

平成28年度 創業・第二創業促進補助金【創業】

〈食材へのこだわり〉
親戚である村山農園が長野県栄村にてそば畑を経営しているため、無農薬のそばの実を仕入れている。そばの実からそば粉にする際の挽き方にもこだわってそば粉を作るように同農園に依頼している。作るそばに合わせてあらく挽いたり、細かく挽いたりすることでそば本来の風味をより引き立てて提供することが可能となる。小鉢や天ぷらに使う野菜も、村山農園から旬の素材を仕入れている。そばを打つ際に利用する水は長野県の雪解け水でできた地下水を利用し、この水は甘みのある口当たりがよく、弊社のそばを打つ上で最も適した水である。

そば粉：村山農園（長野県栄村）
　水　：村山農園（　　〃　　）
　野菜：村山農園（　　〃　　）

〈打ち方のこだわり〉
老舗そば店で15年間修業して身に付けたそば打ちで、毎朝と昼の2回その日に提供する分だけそばを打つ。打ち立てのそばを提供したいという思いから、そばの麺を2回に分けて作るようにしている。季節やその日の湿度、温度によって打つ際の水の量を調整し、そばが一番おいしい状態になるよう長年の経験でそば打ちを行っている。
そば打ちは打ち始めの5秒が勝負で、そば粉に水を入れてからできるだけ早くそば粉1つ1つに水がいきわたるように混ぜる。そば粉と水を混ぜるのに時間がかかってしまうと、ぶちぶちと切れてしまいごわごわした食感になってしまう。弊社のそばは打ち上がるまでの時間が短いためツルツルでシコシコのそばの提供が可能となっている。

　　　　　　　そば打ちの写真

〈提供方法へのこだわり〉
提供の際に、「一口目は何も付けずにお召し上がりください」という言葉と共に提供している。そばの本来の味わいをお客様に知って頂くたいという思いからこのようなご案内をしている。さらにコース料理の提供の際も、ゆでたてを提供したいという思いから、接客担当の従業員にお客様の食べる様子を把握し、ちょうどいいころに次のそばが提供できるよう、調理との連携を図って提供できるよう教育していく予定。こだわりのそばを、一番おいしい状況で提供したいという思いから、手間がかかるがこのような方法に取り組んでいく。

〈お酒へのこだわり〉
弊社ではそばに合う日本酒を多く取り揃えていく。種類は長野県産から米どころである新潟県産など、日本全国の冷と熱燗それぞれに適した商品を取り揃えていく。

長野県　　〇〇酒店
　　　　　〇〇酒造

新潟県　　〇〇酒造
　　　　　〇〇酒造

その他　　〇〇酒販

〇販売促進
〈店内の雰囲気〉
外観は料亭のような格式のある雰囲気の中に、モダンな雰囲気を織り交ぜた落ち着いたお洒落なものにする。

〈集客方法〉
①ぐるなび、食べログなどWebポータルサイトでの集客
ＳＥＯ対策やリスティング広告、メール配信を多用し、検索上位に上がるように工夫する。

②駅や店頭でのチラシ配布
通勤時間帯に駅前や店頭でチラシ配布を行い、認知度の向上を図る。チラシではランチやディナーでの優待サービス（10％ＯＦＦ）を付け来店を促す。

③ランチでのチラシ配布
ランチで来ていただいたお客様に、ディナー優待サービスを掲載したチラシを配布し、ディナーの来店を促す。

④手打ちそば信濃常連顧客への挨拶状
常連客200人に独立したことの挨拶状を送付する。挨拶状を送ることはオーナーより承諾を得ている。
常連客向けの優遇サービス（生粉打ちそばの無料券）を添付し、来店を促す。

各項目について記載内容が多い場合は、行数を適宜増やしてください。
V2

平成28年度 創業・第二創業促進補助金【創業】

〈客単価向上〉
丁寧な接客を行う。常に顧客の状況を確認し、お客様の飲み物のグラスが残りわずかになったら、オーダーを取りに行くことや、その日のオススメのメニューの提案をするなど、提案型のアップセールスを実施する。自発的にメニューの提案ができるように従業員の育成に取り組む。

〇売上目標

当店座席表

	座席	目標来店者数
個室（8人用）1室	8席	6名
個室（4人用）5室	20席	11名
テーブル席（4人用）3席	12席	7名
カウンター席（1名用）6席	6席	4名
合計	46席	28名

1年目売上目標

	客単価	目標来店者数	目標回転数	営業日	月商
ランチ平日	1,000	28	0.6	20	336,000
ランチ休日	1,800	28	1.0	5	252,000
ディナー平日	2,000	28	1.2	20	1,344,000
ディナー休日	3,000	28	1.5	5	630,000
月合計					2,562,000
年間合計					30,744,000

目標来店者数：当店の総座席数は46席で、6割程度の稼働率で計算し算出した。
目標回転率：予測回転数に安全率として0.4をかけて算出した。

〇課題と解決策
〈人材〉
優秀な人材の採用と人材育成をどう行っていくかが課題である。
人材採用においてはハローワークへの届出、求人折込へ掲載し採用を行う。育成面においては、接客、顧客管理等をOJTで行い指導していく。また、接客において参考になる店舗に出向き、その店の接客からいい部分を学び実践できるよう勉強会を設ける。
能力開発のプログラムを作成し、従業員の能力開発状況がひと目でわかるようなリスト作りと管理を行う。最終的には従業員の中でリーダーを決め管理を任せる。

②本事業の動機・きっかけ及び将来の展望
〇動機、きっかけ
老舗のそば屋信濃にて15年修業する中で、素材にとことんこだわった今までのそばとは異なる新しいそばを世の中に広めたいという思いと無農薬栽培の体にも優しい、素材の持つ旨みを知って頂きたく開業を決意しました。
老舗手打そば屋信濃の看板がなく、自分ひとりで店の経営をしていけるか模索していたところ、オーナーから独立の話が持ちかけられた。オーナーは仕入先の取引の打診や、そばの調合、つゆのレシピ活用など、独立にあたり全面的に協力してくれると話してくれた。こんな経緯もあり、今回独立することを決意した。

〇将来への展望
将来的には店舗を増やし、事業の拡大を図っていきたい。

目標	3年後まで	5年後まで
戦略と方策	固定客の確保により一定の安定した売上高の確保を図る。さらに固定客からの口コミやインターネット広告や手撒チラシにより新規顧客の開拓も積極的に行う。従業員の育成にも力を入れ、従業員のリーダーによる教育体制の管理が行えるよう取り組む。	2店舗目の開店。顧客の拡大を図るべく2店舗目を開業する。そば打ち職人の育成にも努め、技術の継承も行っていく。

各項目について記載内容が多い場合は、行数を適宜増やしてください。

平成２８年度 創業・第二創業促進補助金【創業】

③本事業の知識、経験、人脈、熱意

〇知識・経験
・老舗手打ちそば屋信濃にて１５年間修業した実績がある。
・親戚が経営するそば畑にも積極的に手伝いに行くことで、そば栽培に関する専門的な知識がある。
・信濃にて新宿店開業に当たり、店長を任されたことで５年間ほどマネジメント業務の経験があり、社員育成についても知識がある。
・手打ちそばに合う、お酒の提案ができる。

〇人脈
以下は私がこれまでに築いてきた人脈である。ビジネスパートナーやお客様、仕入先の方々で、どの方々も独立開業に賛成し、応援してくれると約束いただいている。

・信濃のオーナー　〇〇氏
・信濃の常連客　２００人
（仕入先）
・村山農園
・佐藤商事
・田中酒店
・川田漁業
・山田のり店
・木村酒店
・近藤酒造
・田島精肉店
・川越農家　　　　　など

〇熱意
たくさんの方々に支援して頂き、期待して頂いていることは大変ありがたく、粛然とする思いである。今回の創業により、手打ちそばの魅力をより多くの人に広めることで、信州の手打ちそばのブランド化を目指すとともに、食を通じて長野への関心を持って頂くことで、長野を盛り上げて行きたい。

④本事業全体に係る資金計画（新事業の立ち上げ（準備から補助事業期間の終了までの間）に必要な全ての資金と調達方法を記載してください。）

（単位：千円）

必要な資金		金額	調達の方法	金額
設備資金	（内容） 保証金 内外装工事 設備機器工事 冷蔵庫 テーブル、イス 備品他	1,000 4,500 1,500 500 300 200	自己資金	5,000
			金融機関からの借入金 （調達先）	8,500
	設備資金の合計	8,000	その他（本事業の売上金、親族からの借入金等） （内容）	
運転資金	（内容） 家賃（100千円×4.5ヶ月） パンフレット、ホームページ作成費 食材仕入（２ヶ月） 人件費（正社員１人、パート６人×２ヶ月） 水道光熱費（２ヶ月） その他経費	450 1,000 1,400 1,180 3,100 370	補助金交付希望額 （（4）経費明細表(C)の額と一致。補助金は補助事業期間終了後に検査を経てお支払する形となりますので、補助金支払いまでの間、応募者ご自身で補助金交付希望額相当額を手当していただく必要があります。その手当方法について、下表《補助金交付希望額相当額の手当方法》に記載してください。）	2,000
	運転資金の合計	7,500		
	合　　計	15,500	合　　計	15,500

各項目について記載内容が多い場合は、行数を適宜増やしてください。

巻末資料

平成28年度 創業・第二創業促進補助金【創業】

【金融機関からの外部資金の調達見込みについて】
〈必須要件〉
☐ 既に調達済み
☑ 補助事業期間中に調達見込みがある
☐ 将来的に調達見込みがある

《補助金交付希望額相当額の手当方法》 (単位：千円)

方法	金額
自己資金	
金融機関からの借入金（調達先： ○○信金 ）	2,000
その他（調達先： ）	
合計額（(4)経費明細表(C)の額と一致）	2,000

⑤事業スケジュール

実施時期	具体的な実施内容
1年目	H28.6 融資申込、店舗賃貸申込、仕入先への挨拶 H28.8 店舗賃貸契約、内装工事開始、チラシ作成、採用活動開始 H28.9 融資実行、Web告知開始、チラシ配布、許認可申請、パートタイマー6人の採用、研修 H28.10 オープン、オープンキャンペーンの実施 H28.11 忘年会予約受付 H28.12 新年会予約受付 H29.1 新年会キャンペーン H29.9 新そば祭り
2年目	H29.10 新そば祭り 　　　　1周年キャンペーン H29.11 忘年会予約受付 H29.12 新年会予約受付 H30.1 新年会キャンペーン H30.9 新そば祭り
3年目	H30.10 新そば祭り 　　　　2周年キャンペーン H30.11 忘年会予約受付 H30.12 新年会予約受付 H31.1 新年会キャンペーン H31.9 新そば祭り 2店舗目出店検討
4年目	H31.10 新そば祭り 　　　　3周年キャンペーン H31.11 忘年会予約受付 H31.12 新年会予約受付 H32.1 新年会キャンペーン H32.9 新そば祭り
5年目	H32.10 新そば祭り 　　　　4周年キャンペーン H32.11 忘年会予約受付 H32.12 新年会予約受付 H33.1 新年会キャンペーン H33.9 新そば祭り
6年目	H33.10 新そば祭り 　　　　5周年キャンペーン H33.11 忘年会予約受付 H33.12 新年会予約受付 H34.1 新年会キャンペーン H34.9 新そば祭り 3店舗目出店検討

⑥売上・利益等の計画

	1年目 (28年10月~29年9月期)	2年目 (29年10月~30年9月期)	3年目 (30年10月~31年9月期)	4年目 (31年10月~32年9月期)	5年目 (32年10月~33年9月期)	6年目 (33年10月~34年9月期)
(a)売上高	30,744 千円	41,664 千円	48,384 千円	55,296 千円	55,296 千円	86,070 千円
(b)売上原価	6,149 千円	8,333 千円	9,677 千円	11,059 千円	11,059 千円	17,214 千円
(c)売上総利益 (a-b)	24,595 千円	33,331 千円	38,707 千円	44,237 千円	44,237 千円	68,856 千円
(d)販売管理費	22,653 千円	24,557 千円	27,057 千円	29,057 千円	29,057 千円	51,710 千円

各項目について記載内容が多い場合は、行数を適宜増やしてください。

平成２８年度 創業・第二創業促進補助金【創業】

営業利益 (c-d)	1,942 千円	8,774 千円	11,650 千円	15,180 千円	15,180 千円	17,146 千円
従業員数	8人 (うちパート・アルバイト 6人)	8人 (うちパート・アルバイト 6人)	8人 (うちパート・アルバイト 6人)	10人 (うちパート・アルバイト 8人)	10人 (うちパート・アルバイト 8人)	18人 (うちパート・アルバイト 8人)
積算根拠	〈売上高〉 目標来店者数 28 名 [平日] ランチ 0.6 回転、ディナー1.2 回転 1,000 円×28 名×0.6×20 日＝336,000 2,000 円×28 名×1.2×20 日＝1,344,000 [休日] ランチ 1.0 回転、ディナー1.5 回転 1,800 円×28 名×1.0×5 日＝252,000 3,000 円×28 名×1.5×5 日＝630,000 2,562 千円×12 ヶ月＝30,744 千円 〈売上原価〉 原価率 20% 主要メニューを元に算出。 〈販売管理費〉 人件費 15,000 地代家賃 1,200 光熱費 1,860 減価償却費 144 支払利息 213 その他経費 4,236	〈売上高〉 目標来店者数 28 名 [平日] ランチ 0.8 回転、ディナー1.5 回転 1,000 円×28 名×0.8×20 日＝448,000 2,000 円×28 名×1.5×20 日＝1,680,000 [休日] ランチ 2.0 回転、ディナー2.0 回転 1,800 円×28 名×2.0×5 日＝504,000 3,000 円×28 名×2.0×5 日＝840,000 3,472 千円×12 ヶ月＝41,664 千円 〈売上原価〉 原価率 20% 主要メニューを元に算出。 〈販売管理費〉 人件費 15,000 地代家賃 1,200 光熱費 2,000 減価償却費 144 支払利息 213 広告宣伝費 500 その他経費 5,500	〈売上高〉 目標来店者数 28 名 提案セールスにより夜の顧客の単価UP [平日] ランチ 0.8 回転、ディナー1.5 回転 1,000 円×28 名×0.8×20 日＝448,000 2,500 円×28 名×1.5×20 日＝2,100,000 [休日] ランチ 2.0 回転、ディナー2.0 回転 1,800 円×28 名×2.0×5 日＝504,000 3,500 円×28 名×2.0×5 日＝980,000 4,032 千円×12 ヶ月＝48,384 千円 〈売上原価〉 原価率 20% 主要メニューを元に算出。 〈販売管理費〉 人件費 17,000 地代家賃 1,200 光熱費 2,500 減価償却費 144 支払利息 213 広告宣伝費 500 その他経費 5,500	〈売上高〉 目標来店者数 32 名 知名度の上昇による来店者数増加 [平日] ランチ 0.8 回転、ディナー1.5 回転 1,000 円×32 名×0.8×20 日＝512,000 2,500 円×32 名×1.5×20 日＝2,400,000 [休日] ランチ 2.0 回転、ディナー2.0 回転 1,800 円×32 名×2.0×5 日＝576,000 3,500 円×32 名×2.0×5 日＝1,120,000 4,608 千円×12 ヶ月＝55,296 千円 〈売上原価〉 原価率 20% 主要メニューを元に算出。 〈販売管理費〉 人件費 18,000 地代家賃 1,200 光熱費 3,000 減価償却費 144 支払利息 213 広告宣伝費 500 その他経費 6,000	〈売上高〉 [平日] ランチ 0.8 回転、ディナー1.5 回転 1,000 円×32 名×0.8×20 日＝512,000 2,500 円×32 名×1.5×20 日＝2,400,000 [休日] ランチ 2.0 回転、ディナー2.0 回転 1,800 円×32 名×2.0×5 日＝576,000 3,500 円×32 名×2.0×5 日＝1,120,000 4,608 千円×12 ヶ月＝55,296 千円 〈売上原価〉 原価率 20% 主要メニューを元に算出。 〈販売管理費〉 人件費 18,000 地代家賃 1,200 光熱費 3,000 減価償却費 144 支払利息 213 広告宣伝費 500 その他経費 6,000	2店舗開業による売上高の増加。 数値に関しては、同じ規模の店舗を開業したと仮定して、5年目の数値に1年目の数値を加えて算出した。

各項目について記載内容が多い場合は、行数を適宜増やしてください。

巻末資料

平成２８年度 創業・第二創業促進補助金【創業】

（３）ビジネスプランコンテストの受賞や他の補助金等の実績説明（該当案件がある場合のみ記載）

<ビジネスプランコンテストの受賞実績>

①コンテストの名称	
②主催/後援	
③受賞した内容	
④受賞時期	平成　　年　　月

<他の補助金等の交付を受けた実績>

①補助金・委託費名称	
②事業主体(関係省庁等)	
③テーマ名	
④実施時期/補助金等金額	／　　　　千円

（４）経費明細表（「（２）④本事業全体に係る資金計画」の設備資金及び運転資金の内容の中から、補助事業期間中に補助対象とするものを記載してください。）

（単位：円）

経費区分	費目	補助対象経費 (消費税込)	補助対象経費 (消費税抜)	補助金交付希望額 (B×2/3 以内)	「補助対象経費（消費税込）」に係る積算基礎
Ⅰ人件費	(1)人件費	1,180,000	1,180,000		（正社員1人 200千円、パート6人 390千円）×2ヶ月
Ⅱ事業費	(1)創業等に必要な官公庁への申請書類作成等に係る経費				
	(2)店舗等借入費	450,000	417,000		100千円×4.5ヶ月
	(3)設備費	7,000,000	6,481,482		内外装工事 4,500千円 設備機器工事 1,500千円 備品 1,000千円
	(4)原材料費				
	(5)知的財産等関連経費				
	(6)謝金				
	(7)旅費				
	(8)マーケティング調査費				
	(9)広報費	1,000,000	926,000		ホームページ作成費用 600千円 パンフレット作成費用 400千円
	(10)外注費				
	（Ⅱ事業費小計）				
Ⅲ委託費	(1)委託費				
合計		(A) 9,630,000	(B) 9,004,482	(C) 2,000,000	

各項目について記載内容が多い場合は、行数を適宜増やしてください。
V2

認定市区町村又は認定連携創業支援事業者が記入

（特定創業支援事業の証明書が発行されていない場合、また、補助事業期間中に特定支援事業を受ける見込みがある場合、本確認書の添付により平成２８年度創業・第二創業促進補助金に申請可能となります。）

平成　年　月　日

創業・第二創業促進補助金事務局
　　事務局長　殿

市区町村又は事業者名：
住　　　所：
電話番号：
代表者又は責任者名：　　　　　　　印

［上記の代表者又は責任者名欄に記入する氏名は、本書を確認する認定連携創業支援事業者の内部規程等により判断してください。］

担当者氏名：
所属部署：
連絡先（電話）：

平成２８年度創業・第二創業促進補助金に係る
認定市区町村又は認定連携創業支援事業者による特定創業支援事業に係る確認書

　平成２８年度創業・第二創業促進補助金に対する応募を下記１．の者が行うに当たり、下記２．及び下記３．のとおり産業競争力強化法第２条25項に規定する特定創業支援事業を行った（又は行う予定である）こと及び継続的な支援を行うことについて確認します。

記

１．応募者

氏名／企業名	印
住所・電話番号	

２．特定創業支援事業（複数の支援を受ける場合は、該当するものを３つまで御記載下さい。）
　１）（別表　－　）（支援事業名：　　　　　　　　　　　　　　　　　　）
　２）（別表　－　）（支援事業名：　　　　　　　　　　　　　　　　　　）
　３）（別表　－　）（支援事業名：　　　　　　　　　　　　　　　　　　）
　　※別途、支援内容が確認できる資料があれば、添付いただくことは可能です。

３．「２．」の具体的な支援内容と支援時期（※支援を受ける予定の方は補助事業期間中に支援を受ける必要があります。）を記載ください。

　１）（支援内容）
　　　（支援時期）平成　年　月　日　～　平成　年　月　日
　２）（支援内容）
　　　（支援時期）平成　年　月　日　～　平成　年　月　日
　３）（支援内容）
　　　（支援時期）平成　年　月　日　～　平成　年　月　日

V2

②公庫創業計画書

創 業 計 画 書

〔平成 ○ 年 ○ 月 ○ 日作成〕

お名前　株式会社　手打ちそば信州

1　創業の動機（創業されるのは、どのような目的、動機からですか。）

	公庫処理欄
そばの実の挽き方、水や小麦粉の調合、こね方により多種多様なそばの味わいを楽しむことができます。老舗のそば屋信濃にて15年修業する中で、素材にとことんこだわった今までのそばとは異なる新しいそばの概念を世の中に広めたいという思いと、無農薬栽培の体にも優しいそばの味わいを広めたいと思い開業を決意しました。	

2　経営者の略歴等

	年　月	内　容	公庫処理欄
経営者の略歴	平成○○年4月	大学生時に駅中の立ち食いそば屋にてアルバイト。	
	平成○○年4月	大学卒業後老舗そば屋信濃に入社し、手打ちそばの基本と職人の心得を学ぶ。	
	平成○○年10月	信濃の5号店開店に合わせ店長として異動。経営マネジメントや従業員育成について学ぶ	
		現在に至る	

過去の事業経験	☑ 事業を経営していたことはない。 ☐ 事業を経営していたことがあり、現在もその事業を続けている。 ☐ 事業を経営していたことがあるが、既にその事業をやめている。 　　　　　　　　　　　（⇒やめた時期：　　　年　　　月）
取得資格	☐ 特になし　　☑ 有（　調理師　　　　　　　　　　　　　　　　　）
知的財産権等	☑ 特になし　　☐ 有（　　　　　　　　　　（☐ 申請中　　☐ 登録済　））

3　取扱商品・サービス

取扱商品サービスの内容	① 手打ちそば　　　　　　　　（売上シェア　70　％）	公庫処理欄
	② ドリンク　　　　　　　　　（売上シェア　20　％）	
	③ その他（天ぷら、郷土料理）　（売上シェア　10　％）	
セールスポイント	親戚にそば畑を経営している農家がおり、良心価格で無農薬栽培のそばの実を仕入れることができます。そばの実からそば粉にする際の挽き方からゆで方まで全てにこだわったそばの提供を行います。	

4　取引先・取引関係等

	フリガナ 取引先名 （所在地等）	シェア	掛取引の割合	回収・支払の条件	公庫処理欄
販売先	一般個人（現金） （　　　　）	70 %	0 %	日〆　　　日回収	
	一般個人（クレジットカード） （　　　　）	30 %	100 %	15 日〆　翌10 日回収	
	ほか　　　　社	%	%	日〆　　　日回収	
仕入先	ムラヤマノウエン 村山農園 （　　　　）	50 %	100 %	末 日〆　翌月末 日支払	
	サトウショウジ（カ） 佐藤商事（株） （　　　　）	10 %	100 %	末 日〆　翌月末 日支払	
	ほか　　3　社	40 %	100 %	末 日〆　翌月末 日支払	
外注先	（　　　　）	%	%	日〆　　　日支払	
	ほか　　　　社	%	%	日〆　　　日支払	
人件費の支払	15 日〆		末 日支払（ボーナスの支給月　　―　月、　　―　月）		

☆ この書類は、ご面談にかかる時間を短縮するために利用させていただきます。
　なお、本書類はお返しできませんので、あらかじめご了承ください。
☆ お手数ですが、可能な範囲でご記入いただき、借入申込書に添えてご提出ください。
☆ この書類に代えて、お客さまご自身が作成された計画書をご提出いただいても結構です。

5 従業員

常勤役員の人数（法人の方のみ）	1 人	従業員数（うち家族）	(1 人 / 1 人)	パート・アルバイト	6 人

6 お借入の状況（法人の場合、代表者の方のお借入れ（事業資金を除きます。））

お借入先名	お使いみち	お借入残高	年間返済額
該当なし	□住宅 □車 □教育 □カード □その他	万円	万円
	□住宅 □車 □教育 □カード □その他	万円	万円
	□住宅 □車 □教育 □カード □その他	万円	万円

7 必要な資金と調達方法

必要な資金	金額	調達の方法	金額
設備資金：店舗、工場、機械、備品、車両など	800 万円	自己資金	500 万円
（内訳）保証金	100	親、兄弟、知人、友人等からの借入（内訳・返済方法）	万円
内外装工事	450		
設備機器工事	150		
冷蔵庫	50	日本政策金融公庫　国民生活事業からの借入	850 万円
テーブル、イス	30		
備品他	20		
		他の金融機関等からの借入（内訳・返済方法）	万円
運転資金：商品仕入、経費支払資金など	550 万円		
（内訳）店舗家賃（3ヶ月分）	30		
パンフレット・ホームページ	100		
食材仕入	140		
人件費（2ヶ月分）	250		
その他	30		
合計	1350 万円	合計	1350 万円

8 事業の見通し（月平均）

	創業当初	軌道に乗った後（　年　月頃）	売上高、売上原価（仕入高）、経費を計算された根拠をご記入ください。
売上高 ①	256 万円	347 万円	別紙参照
売上原価 ②（仕入高）	51 万円	69 万円	
経費：人件費（注）	125 万円	134 万円	
家賃	10 万円	10 万円	
支払利息	2 万円	2 万円	
その他	52 万円	97 万円	
合計 ③	189 万円	243 万円	
利益 ①-②-③	16 万円	35 万円	（注）個人営業の場合、事業主分は含めません。

ほかに参考となる資料がございましたら、計画書に添えてご提出ください。

（日本政策金融公庫　国民生活事業）

③公庫創業計画書　補足

事業の見通しに関して補足

株式会社　手打ちそば信州

売上高

当店座席一覧

	座席	目標来店者数
個室（8人用）1室	8 席	6 名
個室（4人用）5室	20 席	11 名
テーブル席（4人用）3席	12 席	7 名
カウンター席（1名用）6席	6 席	4 名
合計	46 席	28 名

1年目売上目標

	客単価	目標来店者数	目標回転数	営業日	月商
ランチ平日	1,000	28	0.6	20	336,000
ランチ休日	1,800	28	1.0	5	252,000
ディナー平日	2,000	28	1.2	20	1,344,000
ディナー休日	3,000	28	1.5	5	630,000
月合計					2,562,000
年間合計					30,744,000

仕入原価

主要商品の原価

	仕入金額	仕入内容	1食あたりの使用量	原価
そば粉	10,000 円	22 kg	100 g	45 円
小麦粉	4,000 円	25 kg	30 g	5 円
にぼし	5,000 円	5 kg	20 g	20 円
かつおぶし	1,700 円	1 kg	10 g	17 円
しょうゆ	3,000 円	1.8ℓ	100cc	60 円
こんぶ	7,000 円	1 kg	5 g	35 円
みりん	2,500 円	1.8ℓ	3 g	2 円
砂糖	250 円	1 kg	8 g	2 円
ねぎ	150 円	1 本	1 g	1 円
合計				187 円

ここで算出した金額から、原価率を算出すると 18.7%になります。平均的なそば屋の原価率は 20～25%程度となっています。無農薬栽培のそば粉を親族が経営するそば畑から購入しているため、原価率が低くなっています。他の商品はさらに原価率が低くなる結果が出たので、標準原価率を 20%として売上原価を算出することに合理性があると判断しました。
よって1ヶ月の原価は
　　2,562,000（売上高）　×　20%（原価率）＝512,400 円

人件費

内訳

8人：代表者1人、調理担当1人、パートタイマー6人
　　　　40万円　＋　20万円　＋　39万円　＝99万円

通勤費　8万円　/　社会保険料　17万円　/　福利厚生費　1万円

家賃　10万円

支払利息

850万円×年2.5%　÷12≒2万円

その他

飲食系の雑誌	30,000
食べログ	20,000
地元紹介サイト	20,000
リスティング広告費	30,000
カード決済手数料　6% カードは売上全体の40%と想定	83,000
電気	10,000
水道	70,000
ガス	50,000
電話使用料	20,000
インターネット使用料	5,000
リース料	40,000
消耗品費	30,000
税金	50,000
税理士顧問料	30,000
クリーニング代	20,000
減価償却費	12,000
合計	520,000

〈軌道に乗った後〉

売上高、売上原価　創業時の約1.3倍
人件費　パート2人増加
その他諸経費　30万円
減価償却費　10万円

2年目以降の売上目標

	客単価	目標来店者数	目標回転数	営業日	月商
ランチ平日	1,000	28	0.8	20	448,000
ランチ休日	1,800	28	2.0	5	504,000
ディナー平日	2,000	28	1.5	20	1,680,000
ディナー休日	3,000	28	2.0	5	840,000
月合計					3,472,000
年間合計					41,664,000

④信用保証協会創業計画書

様式3：創業計画書　1/全3ページ

創 業 計 画 書

平成　　年　　月　　日

「創業融資」を申し込むため、下記の通り創業計画に添付書類を添えて提出します。

（申込者）　住　　所　東京都新宿区西新宿〇－〇－〇
　　　　　　名　　称　株式会社　手打ちそば信州　　印
　　　　　　代表者　辻　太郎

融資対象の区分 （融資実行の時点）	融資対象1（創業前）・融資対象2（創業後）・融資対象3（分社化）				
開 業 形 態	個人・(法人)	商号・屋号	株式会社　手打ちそば信州		
開 業 の 住 所	東京都中央区銀座〇－〇				
開業（予定）年月日	平成 28 年 10 月 20 日	電　　話	03（〇〇〇〇）〇〇〇〇		
事業開始届出書の有無	(有)・無	資本金	2,000,000 円	従業員数	8 人
他の事業との兼務状況	創業時、申込時において、他の事業を営んで（いる・(いない)）				

※　予定を含みます。

1　事業内容や創業動機

業　　種	飲食業

（1）事業内容（取扱品・主製品又はサービスなど）
料亭のような静かな落ち着いた空間の中で、無農薬栽培のそばの実から挽き方にまでこだわったそば粉で数種類のそばの提供を行う。顧客は30代後半～60代の周辺に勤務するビジネスマンや買い物客や観光客をターゲットに特別な時に行きたくなるような空間を提供する。

（2）創業の目的と動機
老舗のそば屋信濃にて15年修業する中で、素材にとことんこだわった今までのそばとは異なる新しいそばを世の中に広めたいという思いと無農薬栽培の体にも優しい、素材の持つ旨みを知って頂きたく開業を決意しました。

（3）創業する事業の経験
大学時代に3年間駅前の立ち食いそば屋でアルバイトをしていたことがきっかけで、そばに興味を持ち卒業後、老舗そば屋信濃に入社しました。ここでは手打ちそばの基本と職人の心得について学びました。信濃の5号店である新宿店の店長を任され、店舗のマネジメントと社員育成について学びました。

（4）強み、セールスポイント及び競合状況
無農薬栽培のそばの実を使い、挽き方からこだわってそばを作っています。そばの種類①あら挽きそば：そばの実を荒く挽いて小麦粉を加えたもの②かわりそば：季節ごとにヨモギやしそなどをそばに打ち込んだもの③生粉打ちそば：そば粉100％を水だけで打ったものの3種類をベースにしたメニューを展開しています。素材からお客様に提供するまでの過程でとことんこだわったそばであること、種類が豊富なこと、格式のある店の雰囲気で他社との差別化を図ります。

（5）補足説明（創業する直前の職業、事前に必要な知識・技術・ノウハウの習得、事業協力者の有無、創業スケジュール等及び補足説明したいことを具体的に記入してください。）

様式3：創業計画書　2/全3ページ

2　事業の着手状況
(次のア～キまでのうち該当するものに○印を付し、確認できる書類等を添付してください。)

- ア　機械器具・什器備品等を発注済みである。
- イ　土地・店舗を買収するための頭金等を支払い済みである。
- ウ　土地・店舗を賃借するための権利金・敷金等を支払い済みである。
- エ　商品・原材料等の仕入を行っている。
- (オ)　事業に必要な許認可等を受けている。
- カ　事業に必要な許認可の申請が受理されている。
- キ　その他
  　具体的内容：

3　販売先・仕入先

主な販売先・受注先	住　　所	販売・受注予定額	回収方法
一般顧客		年　30,744 千円	(現金)・(売掛)・手形
		年　　　　　 千円	現金・売掛・手形
		年　　　　　 千円	現金・売掛・手形

主な仕入先・外注先	住　　所	仕入・外注予定額	支払方法
村山農園	長野県栄村	年　3,060 千円	現金・(買掛)・手形
佐藤商事	東京都中央区	年　　612 千円	現金・(買掛)・手形
田中酒店	東京都練馬区	年　　500 千円	現金・(買掛)・手形

4　創業時の投資計画とその調達方法や内容

※　金額が確認できる預金通帳の写し、残高証明、見積書、領収書等を添付してください。
※　売上発生から1年以上経過している方又は確定申告を終了している方は、下表の記入は不要です。
　　合計残高試算表又は確定申告書（決算書）を添付してください。

創業時の投資計画		金額(千円)	調達方法・内容		金額(千円)
設備資金	事業用不動産取得・敷金・入居保証金　保証金	1,000	自己資金	預金　定期預金、普通預金	5,000
	改装費　内外装工事、設備機器工事	6,000		預金以外	
	機械器具・什器備品等　冷蔵庫、イス、机、備品他	1,000			
	①　設備資金　計	8,000	借入金	本件借入金	8,500
運転資金	商品・原材料等の仕入資金　食材仕入	1,400		その他の借入金	
	人件費・賃金等　家賃、人件費	2,800			
	その他の資金　パンフレット、ホームページ、水道光熱費、消耗品費他	1,300	その他	その他の資金	
	②　運転資金　計	5,500			
	合　計　(①+②)	13,500		合　計	13,500

様式3：創業計画書　3/全3ページ

5　損益計画 (売上発生後1年未満の場合：売上発生後1年毎、売上発生後1年以上の場合：今期以降の決算見込)

項　目	1年目(1期目)	【計算根拠】
① 売 上 高	千円 30,744	<売上高>　座席46席　目標来店者数28名 平日　ランチ　0.6回転、ディナー　1.2回転 1,000円×28名×0.6×20日＝336,000 2,000円×28名×1.2×20日＝1,344,000 休日　ランチ　1.0回転、ディナー　1.5回転 1,800円×28名×1.0×5日＝252,000 3,000円×28名×1.5×5日＝630,000 2,562千円×12ヶ月＝30,744千円
② 売 上 原 価 （仕入額、製造原価等）	6,149	
③ 売上総利益 (①-②)	24,595	
④ 人 件 費	15,000	<売上原価> 原価率20%　主要メニューを元に算出。 <人件費> 代表者1人、調理担当1人、パートタイマー6人 40万円＋20万円＋39万円＝99万円 通勤費　8万円　／　社会保険料　17万円　／　福利厚生費　1万円　1,250千円×12＝15,000千円
⑤ 地 代 家 賃	1,200	
⑥ 光 熱 費	1,860	
⑦ 減価償却費	144	<減価償却費> 144千円（定額法）
⑧ 支 払 利 息	213	<支払利息> 850万円×年2.5%≒213千円
⑨ その他経費	4,236	<その他経費> 広告宣伝費、カード決済手数料、リース料、インターネット使用料等
⑩ 販売管理費計 (④～⑨)	22,653	【損益計画】　売上高　営業利益　減価償却
⑪ 営 業 利 益 (③-⑩)	1,942	2年目(2期目)　41,664　8,774　144 3年目(3期目)　48,384　11,650　144

6　自己資金額算定表 (個人が新たに創業する場合のみ記入してください。)

※ 金額が確認できる預金通帳の写し、残高証明、見積書、領収書等を添付してください。

	内　訳	備　考	金額(千円)
事業に充てるため用意した資産	普 通 預 金		2,000
	定 期 預 金		3,000
	有 価 証 券		
	敷金・入居保証金		
	資本金・出資金に充てる資金		
	当該事業用設備		
	その他資産（不動産を除く。）		
	合　計　①		5,000
借入金等	住 宅 ロ ー ン	年間返済額の2年分	0
	設備導入のための長期借入金	年間返済額の2年分	0
	その他長期借入金	借 入 金 全 額	0
	合　計　②		0
	自 己 資 金 額 (①-②)		5,000

※ 自己資金額等については、保証協会において再計算します。

様式3：創業計画書（参考）

≪ **添付書類** ≫（金融機関及び保証協会の審査のために、この他の書類が必要になる場合があります。）

● **必ず添付していただく書類**

融資対象1（創業前）の場合
□ 信用保証委託申込書（※）
□ 信用保証委託契約書（※）
□ 個人情報の取扱いに関する同意書（※）
□ 創業計画書
□ 印鑑証明書（申込人（予定代表者個人））のもの）
□ 事業に必要な許認可書又はその写し（当該事業を営むため許可、認可、登録、届出等を必要とする業種のみ）
□ 自己資金額等が確認できる下記の書類（融資対象1で自己資金がある場合）
□ 預　　　　　　金：預金残高の推移が分かるもの（預金通帳・証書の写し等）
□ 有　価　証　券：所有権の帰属が確認できるもの（取引通知書、計算書、投資報告書の写し）
□ 敷金・入居保証金：差入金額等が確認できるもの（賃貸借契約、預り証の写し）
□ 事前導入事業用設備：支出した金額が確認できるもの（領収書の写し）
□ 資 本 金・出 資 金：株式払込金保管証明書・出資払込金保管証明書等
□ そ の 他 自 己 資 金：金額が確認できる客観的な証明の書類（写し）
□ 借　　　入　　　金：返済予定表（借入残高が確認できるもの）の写し等

融資対象2（創業後）・3（分社化）の場合
□ 信用保証委託申込書（※）
□ 信用保証委託契約書（※）
□ 個人情報の取扱いに関する同意書（※）
□ 創業計画書
□ 印鑑証明書（申込人及び連帯保証人のもの）
□ 商業登記簿謄本（法人の場合）
□ 個人事業の開廃業等届出書（個人の場合）
□ 事業に必要な許認可書又はその写し（当該事業を営むため許可、認可、登録、届出等を必要とする業種のみ）
□ ベンチャー企業向けファンドからの出資が確認できる書類又はその写し（融資対象2で該当する場合）

● **必要に応じて添付していただく書類**

融資対象1～3共通
□ 定款の写し（法人の場合のみ必要）
□ 見積書又は契約書の写し（設備資金の場合）
□ 不動産がある場合、不動産登記簿謄本（全部事項証明書）
□ 工業所有権の登録を受けたことの証明書又はその写し
□ 法律に基づく資格を有することの証明書又はその写し
□ 勤務経験がある場合、それを確認できる書類（雇用証明書、源泉徴収票等）
□ 所得証明書又は課税証明書 　（申込人（融資対象1の場合、予定代表者個人）又は代表者個人（法人の場合）のもの）
□ 創業時から現在までの事業資金の推移が確認できるもの（事業用預金通帳等）

※ 保証協会及びあっ旋機関から申し込む場合は、融資あっ旋用を使用してください。

著者プロフィール

若狭 清史（わかさ きよし）

地域科学専門士
辻・本郷 ビジネスコンサルティング株式会社 取締役執行役員
辻・本郷 税理士法人 顧問

各種専門家、審議会委員として、
・経済産業省　中小企業庁　ミラサポ
・全国商工会連合会
・中小企業振興センター
・県スポーツ推進審議会委員（1期）
・市社会福祉審議会委員（3期）
・信州ブレイブウォリアーズ　マネージメントアドバイザー 等
他多数。

1980年長野県生まれ、中央大学卒業。
海外（米国－LA）議員事務所にて、政治経済を現場で従事後、政策シンクタンクの主席研究員として、まちづくり施策、公的機関への政策立案等も行うと同時に、辻・本郷 ビジネスコンサルティング株式会社の戦略コンサルタントとして、地方創生案件、大企業や中小企業の経営者に戦略経営の指導を行い、地域活性、事業再生、販路拡大、補助金活用、セミナー講師等、幅広く活動中。
また、地域活動にも力をいれ、NPO法人理事長として、福祉施設や児童養護施設への支援活動も行っている。

辻・本郷 ビジネスコンサルティング株式会社

2013年4月設立。「企業再生・組織再編及びM&A」・「企業経営、財務及び会計」・「内部統制システムの構築及び維持」・「株式公開及び事業承継」・「補助金・助成金」を軸としたコンサルティングサービスを行うプロフェッショナル集団。
辻・本郷 税理士法人を中核とした辻・本郷グループの一員として全国10拠点で営業している。

〒100-0005 東京都千代田区丸の内1-9-1 丸の内中央ビル10階
電話　03-6212-2832
FAX　03-6212-2833
URL　http://www.ht-bc.jp/

創業補助金

融資にも使える
事業計画書
パーフェクトマニュアル付き

2016年9月21日　初版第1刷発行

著　者	若狹清史
発行者	鏡渕 敬
発行所	株式会社 東峰書房
	〒102-0074 東京都千代田区九段南4-2-12
	電話 03-3261-3136　FAX 03-3261-3185
	http://tohoshobo.info/

装　幀	菅原慎一
本文デザイン・DTP	有限会社 エムサンロード 藤岡直人
イラスト	道端知美
印刷・製本	モリモト印刷株式会社

©Wakasa Kiyoshi 2016, Printed in Japan
ISBN 978-4-88592-183-4